U0632558

谨此
向新中国无私捐献文物的爱国人士致敬

图书在版编目（ＣＩＰ）数据

新中国捐献文物精品全集. 孙瀛洲卷. 下 / 中国文
物学会主编. — 北京 ：文津出版社，2015.7
ISBN 978-7-80554-601-8

Ⅰ. ①新… Ⅱ. ①中… Ⅲ. ①文物—中国—图集②孙
瀛洲（1893～1966）—纪念文集 Ⅳ. ①K870.2

中国版本图书馆CIP数据核字（2015）第101904号

新中国捐献文物精品全集　孙瀛洲　卷　下

XIN ZHONGGUO JUANXIAN WENWU JINGPIN QUANJI　SUN YINGZHOU　JUAN　XIA

中国文物学会　主编

*

北 京 出 版 集 团 公 司　出版
文 津 出 版 社

（北京北三环中路6号）

邮政编码：100120

网　　　　址：www.bph.com.cn

北 京 出 版 集 团 公 司 总 发 行
新 华 书 店 经 销
北京顺诚彩色印刷有限公司印刷

*

889毫米×1194毫米　16开本　20印张　184千字
2015年7月第1版　2015年7月第1次印刷
ISBN 978-7-80554-601-8
定价：480.00元
质量监督电话：010-58572393

新中国捐献文物精品全集

主编单位　中国文物学会

顾　　问　（按姓氏笔画顺序排列）
　　　　　吕章申　李晓东　金冲及　单霁翔　耿宝昌　傅熹年
　　　　　廖静文

编 委 会
主　　任　单霁翔
副 主 任　黄　元　刘　炜　曲　仲
委　　员　（按姓氏笔画顺序排列）
　　　　　王　宜　王曷灵　杨　新　陆晓如　陈　飞　段国强

总 主 编　谢辰生　彭卿云
执行主编　刘　炜
副 主 编　段国强

孙瀛洲　卷

主编单位　中国文物学会　　故宫博物院

顾　　问　孙洪琦

编　　委　（按姓氏笔画顺序排列）
　　　　　王　宜　王曷灵　吕小刚　杨　新
　　　　　李永兴　陆晓如　陈　飞　段国强

目 录

孙瀛洲捐献的玺印等文物

孙瀛洲著作选

孙瀛洲捐献的玺印等文物

"黄丞之印"封泥

西汉

厚0.95厘米　泥边长3.1厘米×3.3厘米

现藏故宫博物院

官印封泥。泥质，圆形，泥面盖汉篆"黄丞之印"，右上起顺读。印痕表明，原印印面有阴线界栏，印文阴文。

《汉书·地理志》载兖州刺史部山阳郡下有"黄，侯国"，又青州刺史部东莱郡下有"黄，有莱山松林莱君祠。莽曰意母"。丞为佐吏，《汉书百官公卿表》载"县令、长，……皆有丞尉"，《隶释补注》引钱大昭曰："《隶释》引应劭说，大县有丞、左右尉，所谓命卿三人。小县一丞一尉者，命卿二人。"汉代县丞之职，京兆三辅县不止一人，其余地方郡辖县丞一人，个别有设置左右二丞者。此件印文不署国丞，单署"丞"，是为黄县吏。

封泥又称泥封，指钤有印章的土块。在纸张产生以前，公私简牍大都写在竹简、木札上，封发时用绳捆缚，在绳端或交叉处加以检木，封以黏土，上盖印章，作为信验，以防私拆。封发物件，也常用此法。主要流行于秦汉。魏晋后，印章可直接钤于纸、帛之上，封泥之制渐废。

"别部司马"铜印

东汉

通高2厘米　印面边长2厘米×2.1厘米

现藏故宫博物院

官印。铜质，龟纽。印文阴文，汉篆"别部司马"，右上起顺读。

别部司马是一个官职。据汉制，大将军属官有军司马，秩比千石。其中别领营属者称为别部司马，其所率士兵数目各随时宜，不固定。

"汉保塞乌桓率众长"铜印

东汉

通高2.6厘米　印面边长2.3厘米

现藏故宫博物院

东汉政权赐少数民族官印。铜质，驼纽。印文阴文，汉篆"汉保塞乌桓率众长"，右上起顺读。

"汉"，东汉国号；"保塞"，赐号；"乌桓"是中国古代少数民族之一，原与鲜卑同为东胡部落；"率众"是官号，多封于乌桓、鲜卑酋豪；"长"，其族中官吏。据《后汉书·乌桓传》记载："乌桓者，本东胡也。汉初匈奴冒顿灭其国，余类保乌桓山，因以为号焉。"

"任政"铜印

汉

通高1.3厘米　印面边长1.5厘米×1.4厘米

现藏故宫博物院

　　姓名私印。铜质，鼻纽。印文阴文，汉篆"任政"，右起横读。

　　私印是指官印之外印章的统称，是个人身份的信物。私印没有章法制度，所以体制十分复杂。可以从作用、字意、文字安排、制作方法、治印材料以及构成形式上分成各种类别。如按印文内容可分为姓名印、肖像印、花押印、表字印、别号印等。

"王德"铜印

汉

通高0.9厘米　印面边长1.4厘米×1.3厘米

现藏故宫博物院

姓名私印。铜质，鼻纽。印文阴文，汉篆"王德"，右起横读。

铜印是汉印中最为常见的。所见汉印中的官、私印绝大多数是铜印，纽式除龟、驼等异形纽外，大体有鼻纽、瓦纽、坛纽、覆斗纽等。其中坛纽与覆斗纽的铜印较少见，多是用于随葬的明器。

"杨忠"铜印

汉

通高1厘米　印面边长1.2厘米

现藏故宫博物院

姓名私印。铜质，鼻纽。印文阴文，汉篆"杨忠"，右起横读。

印章顶部的雕刻装饰叫作纽。古人印玺随身携带，或佩于腰，或系于臂。在印章顶部钻孔，用以系绳，系绳处多雕简单的形象，作为装饰，于是产生了印纽。

"薄少卿"铜印

汉

通高1.3厘米　印面边长1.6厘米

现藏故官博物院

姓名私印。铜质，鼻纽。印文阴文，汉篆"薄少卿"，右起顺读。

作鼻形的印章纽称鼻纽，多见于先秦时期。铜印纽制最原始的是鼻纽，起于战国小玺。后经秦、汉、魏、晋以至元、明的花押印，均有鼻纽。

"司马成印"铜印

汉

通高1.5厘米　印面边长1.7厘米

现藏故官博物院

姓名私印。铜质，鼻纽。印文阴文，汉篆"司马成印"，右上起顺读。

秦以前，无论官私印都称玺。秦统一六国后，规定皇帝的印独称玺，臣民只称印。汉代也有诸侯王、王太后称为玺的。印材主要有铜、银、金、玉。

"闵得私印"铜印

汉

通高1.2厘米　印面边长1.3厘米

现藏故官博物院

姓名私印。铜质，鼻纽。印文阴文，汉篆"闵得私印"，右上起顺读。

汉印的字体多为篆体，且有别于秦篆，大都方平正直，布局谨严，有独特风格，与秦印并为后世篆刻家所取法。

"吴庆"铜印

汉

通高1.1厘米　印面边长1.4厘米×1.3厘米

现藏故官博物院

姓名私印。铜质，瓦纽。印文阴文，汉篆"吴庆"，右起横读。

作瓦形的印章纽称瓦纽，形式近似鼻纽。秦官印多用瓦纽。

"杨胜之"铜印

汉

通高1.1厘米　印面边长1.3厘米×1.2厘米

现藏故宫博物院

　　姓名私印。铜质，瓦纽。印文阴文，汉篆，右起顺读。

　　铜印的铸造采用熔模铸造法，又称失蜡法。这种铸造方法较适用于中小型或器型较复杂、纹饰较精细的铸件。汉代铜印中纽制较为简单的鼻纽、瓦纽印，以及形态、纹饰相对复杂的龟纽印、双面印皆以此法铸成。汉印标准规整而精美的形态，体现了当时铸造工艺的精良。

"王乐印"铜印

汉

通高0.9厘米　印面边长1.4厘米×1.3厘米

现藏故宫博物院

　　姓名私印。铜质，瓦纽。印文阴文，汉篆"王乐印"，右上起逆读。

"郝过度"铜印

汉

通高0.8厘米　印面边长1.3厘米

现藏故宫博物院

姓名私印。铜质，瓦纽。印文阴文，汉篆"郝过度"，右起顺读。

"挈望奴"铜印

汉

通高1.5厘米　印面边长1.5厘米×1.4厘米

现藏故宫博物院

姓名私印。铜质，瓦纽。印文阴文，汉篆"挈望奴"，右起顺读。

"王延年印"铜印

汉

通高1.1厘米　印面边长1.5厘米

现藏故宫博物院

姓名私印。铜质，瓦纽。印文阴文，汉篆"王延年印"，右上起逆读。

"房承禄印"铜印

汉

通高1厘米　印面边长1.3厘米

现藏故宫博物院

姓名私印。铜质，瓦纽。印文中阳文、阴文皆备，汉篆"房承禄印"，右上起逆读。

阳文指镌刻成凸状的印文。阳文印章钤出的印文为朱色，故也称朱文。相反地，阴文即指镌刻成凹状的印文。阴文印章钤出的印文是红地白字，故也称白文。

新
国
捐献文物精品
全集

"郭钜信印"铜印

汉

通高1.4厘米　印面边长1.7厘米

现藏故官博物院

姓名私印。铜质，瓦纽。印文阴文，汉篆"郭钜信印"，右上起顺读。

"赵均之印"铜印

汉

通高1.1厘米　印面边长1.4厘米×1.3厘米

现藏故官博物院

姓名私印。铜质，瓦纽。印文阴文，汉篆"赵均之印"，右上起顺读。

"焦宣之印"铜印

汉

通高1.3厘米　印面边长1.3厘米

现藏故官博物院

姓名私印。铜质，瓦纽。印文阴文，汉篆"焦宣之印"，右起顺读。

"唐友私印"铜印

汉

通高1.2厘米　印面边长1.3厘米×1.4厘米

现藏故官博物院

姓名私印。铜质，瓦纽。印文阴文，汉篆"唐友私印"，右上起顺读。

"孟襄私印"铜印

汉

通高1.2厘米　印面边长1.2厘米×1.1厘米

现藏故宫博物院

姓名私印。铜质，兽纽。印文阴文，汉篆"孟襄私印"，右上起顺读。

印纽出现之初是为了方便系绳随身佩戴，发展到后来装饰意味渐浓，实用性降低，而且出现了以螭、龟、天禄、辟邪、虎、狮、象、驼、豸、羊、兔、凫、蟾、蛇等不同兽形的印纽来显示职位官阶，以别尊卑，称为纽制。

"析隆私印"铜印

汉

通高1.3厘米　印面边长1.1厘米

现藏故宫博物院

　　姓名私印。铜质，龟纽。印文阴文，汉篆"析隆私印"，右上起顺读。

　　作龟形的印章纽称龟纽。汉卫宏《汉官旧仪》上："中二千石、二千石银印青绂绶，皆龟纽。"又补遗上："列侯印黄金龟纽，文曰印；丞相、大将军黄金印龟纽，文曰章。"由秦到元、明，均有龟纽。

"樊吉印" "日利" 铜印

汉

厚0.3厘米　印面边长1.4厘米

现藏故宫博物院

双面姓名、吉语私印。铜质。印文皆阴文，汉篆，一面"樊吉印"，右起顺读；另一面"日利"，右起横读。

秦汉时期流行镌刻箴言、吉语等内容的成语印。这些印章属于私印一类，形制与同时的姓名印完全相同，篆刻风格也一致。

"大利旦中公" 铜印

汉

通高3.55厘米　印面边长4厘米×1.4厘米

现藏故宫博物院

私印。铜质，柄纽。印文阳文，汉篆"大利旦中公"，上下顺读。

"左奇印信""左奇"铜印

魏晋

通高3厘米　外印面边长2.1厘米

通高1厘米　内印面边长1.7厘米×1厘米

现藏故宫博物院

姓名私印。铜质铸造，兽纽，套印。内外印面皆有阴线边栏，印文阴文，汉篆，外印面"左奇印信"，右上起顺读，内印面"左奇"，右起横读。

"广武将军章"铜印

晋

通高2.2厘米　印面边长1.8厘米

现藏故宫博物院

官印。铜质，龟纽。印文凿刻，阴文，篆体"广武将军章"，右上起顺读。

广武将军，武官名，始见于魏晋，魏晋四品，后魏从四品。所属有长史、司马、正行参军和主簿等。南朝宋为加官、散官性质的将军，后魏用以褒奖勋庸。

新
中
国
捐献文物精品
全集

"驸马都尉"铜印

晋

通高2.2厘米　印面边长1.9厘米

现藏故宫博物院

官印。铜质，龟纽。印文凿刻，阴文，篆体"驸马都尉"，右上起顺读。

汉武帝设置驸马都尉这一官职。皇帝出行时自己乘坐的车驾为正车，而其他随行的马车均为副车。正车由奉车都尉掌管，副车由驸马都尉掌管。秩二千石，为近臣，东汉属光禄卿。魏晋以后，掌侍从顾问。据颜师古注引《说文·马部》云："驸，副马也。非正驾车，皆为副马。一曰驸，近也，疾也。"

"殿中司马"封泥

晋

厚0.8厘米　泥边长3.45厘米×3.3厘米

现藏故宫博物院

官印封泥。泥质，圆形。泥面汉篆"殿中司马"，右上起顺读。印痕表明，原印印文阴文。

殿中司马为散官，掌宿卫及列次于卤簿仪仗行列中。

"靳君"铜印

元

通高2.5厘米　印面边长1.6厘米×1.4厘米

现藏故官博物院

私押。铜质，鹿纽。印文阴文，汉篆"靳君"，上下顺读。

"松江府印"铜印

清

通高10.7厘米　印面边长7.9厘米×7.8厘米

现藏故官博物院

官印。铜质铸造，柄纽。印文阳文"松江府印"，满汉文并存，篆体。

松江府是元代设立的行政建制区，明清沿之。前身为华亭府，地域相当于现今的上海市。

"烟云供养"石印

清

通高4.2厘米　印面边长2.3厘米

现藏故宫博物院

闲文印章。昌化鸡血石质，佚名篆刻。印文阴文"烟云供养"，篆书体。

昌化石属叶蜡石的一种。因产于浙江昌化（杭州市西）而得名。有红、黄、褐色，以灰白色居多，是常用的制印材料。质略透明，如熟藕粉者，名昌化冻；有鲜红斑块像鸡血所凝结者，称鸡血石，一般含有杂质；有大量红斑而纯净者极其贵重，为制印章的上品。

"金仙弟子"石印

清

通高4.4厘米　印面纵2.4厘米　横1厘米

现藏故宫博物院

　　名号印章。寿山石质，雕独角兽纽。印文阳文"金仙弟子"。陆凤均刻长款。

　　明清印章中，各种石材美观的自然纹理及特有的适刀性，使其在篆刻用材中占着绝大的比例。适于刻制印章的石材以叶蜡石为主，石质细腻滋润、柔而易攻，适于刀刻。其中又以寿山石、青田石、昌化石为佳。

"清白吏子孙"石印

清

高4厘米　印面纵5厘米　横2.1厘米

现藏故宫博物院

闲文印章。田黄石质，钟权篆刻。随形，印文阳文"清白吏子孙"。印款楷体刻："萧辰九月作于口林旅次石骢，拟秦阳文，时年六十又三。"

钟权，生卒年不详，字石帆，浙江诸暨人，早岁获交陈鸿寿，刻印宗浙派。有《漱石轩印谱》，《广印人传》有载。

"官爱江南"石印

清

高2.7厘米　印面边长2.5厘米×1.3厘米

现藏故宫博物院

　　闲文印章。寿山石质。印文阳文"官爱江南"，篆书体。印款楷体刻"翁大年"。

　　翁大年，生卒年不详，字叔均，江苏吴江（今属苏州）人。工书，行、楷学翁方纲。笃嗜金石考据，刻印工秀有法。《广印人传》有载。

"翰墨神仙"石印

清

高1.8厘米　印面边长1.8厘米×1.7厘米

现藏故宫博物院

别号印章。寿山石质，佚名篆刻。印文阴文"翰墨神仙"，篆书体。

明清以后的私印仍有铜玉各种质地，但从明中期以后，渐以石章篆刻为主，更多地表现为一种主观的篆刻艺术行为。

"心雄万夫"石印

清

通高3.5厘米　印面纵4.5厘米　横2厘米

现藏故宫博物院

闲文印章。田黄石质，佚名篆刻。兽纽，印文阳文"心雄万夫"，篆书体。

寿山石产于福建省闽侯县北寿山五花坑，是以叶蜡石为主要成分构成的一种石料。在被用作印材之前，早在南北朝时期就已被采用作为造像雕刻的材料。寿山石在其产地又因分布不同而分为田坑、水坑与山坑等几类，每一类花色品种又各不相同。

"津桥花步刘郎"石印

清

通高2.9厘米　印面边长2.8厘米×2厘米

现藏故官博物院

闲文印章。田黄石质，佚名篆刻。兽纽，印文阳文"津桥花步刘郎"，篆书体。

寿山田坑石中以黄色最常见。凡黄色的田石均称田黄。田黄石表皮多具微透明黄色层，肌理则玲珑透彻，有黄金黄、橘皮黄、枇杷黄、桂花黄、熟栗黄、杏花黄、肥皂黄、糖果黄、桐油黄等数种。其中以黄金黄、橘皮黄最罕见，枇杷黄、桂花黄次之。田黄中，以田黄冻最名贵，体质透明，价值连城，有"一两田黄一两金"之说。另有一种外裹白色层，内纯黄色，民间称银裹金，也很贵重。

六面石印

清

高2.9厘米　印面边长2.8厘米×2厘米

现藏故宫博物院

　　闲文印章。寿山石质，佚名篆刻。六面印，六面分别刻"醉墨""履瑞于始""琴心剑胆""笔底烟云胸中丘壑""护封""凤翥鸾翔"。印文阳、阴文皆备，篆书体。

　　六面印是一种特殊形状的印章，流行于南北朝。印作"凸"字形，上为印鼻，有孔可穿绳佩戴，鼻端刻一小印，其余五面也刻有印文，故称六面印。明清后，正方或长方印六面都刻有印文的也称六面印。

新
中国
捐献文物精品
全集

"竹解虚心是我师"石印

清

通高4.3厘米　印面边长2.6厘米×2.5厘米

现藏故宫博物院

闲文印章。寿山石质，佚名篆刻。兽纽，印文阴文"竹解虚心是我师"，篆书体。

石章的印纽有雕成器物、瑞兽、动物、人物、花果、景物、博古等的，其中以各种形态的兽纽最常见，如龙、狮、虎、螭、麒麟等，或直立或屈体，精美细致，神韵十足。

"良辰寄怀"石印

清

通高2.9厘米　印面纵2.8厘米　横1.7厘米

现藏故宫博物院

闲文印章。寿山石质，佚名篆刻。印文阳文"良辰寄怀"，篆书体。

刻印者根据印章材质、印文内容以及表现的艺术效果等要求进行篆刻，刀法多种多样。历代从实践中得到总结认识的刀法之论，名目众多，有数十种之多，正如《篆刻入门》所说"亦如篆书之三十二体也，毫不足法"。清乾隆年间陈克恕《篆刻针度》有所谓"用刀十三法"，分别是正入正刀、单入正刀、双入正刀、冲刀、涩刀、迟刀、留刀、复刀、轻刀、埋刀、切刀、舞刀、平刀。另外，还有飞刀、挫刀、反刀等。

"书中不尽心中事"石印

清

高3.5厘米　印面边长3.3厘米×2.1厘米

现藏故官博物院

闲文印章。青田石质，赵之琛篆刻。印文阴文"书中不尽心中事"，篆书体。印款楷体刻"丁亥（1827年）夏五月，次闲篆"。

赵之琛（1781—1860年），字次闲，号献父、献甫、宝月山人。浙江钱塘（今杭州）人。篆刻家，"西泠八家"之一。终生潜心书法篆刻，未入仕途。工四体书，能自成一格，楷体风格秀劲。篆刻学陈鸿寿、陈豫钟等，集浙派之大成。著有《补罗迦室集》《补罗迦室印谱》等。

"翠眉山樵" 石印

清

高5.3厘米 印面边长2厘米

现藏故宫博物院

　　别号印章。青田石质，佚名篆刻。印面有阴线边栏，印文阴文"翠眉山樵"，篆书体。

　　青田石是以叶蜡石为主要成分的一种石料，产于浙江省青田县东南的山口、图书山、方山、岩垄、白山、封门山等地，尤以方山最为著名。一般夹杂在坚石之中，因而大块极少见。色彩丰富，有黄、白、青、绿、黑等，青色居多。纹理细腻温润，易于刻写。

"饮且食寿而康"石印

清、

通高4.8厘米　印面边长2.5厘米

现藏故官博物院

闲文印章。寿山石质，吴昌硕篆刻。狮纽，印文阳文"饮且食寿而康"，篆书体。印款刻"壬辰（1892年）三月文卿先生属，苦铁"。

吴昌硕（1844—1927年），初名俊、俊卿，字昌硕、仓石，号缶庐、苦铁，又署破荷、大聋、缶翁。浙江安吉人，后寓居上海。曾任江苏安东县令。擅诗文、书画、篆刻。书法尤擅书石鼓文，绘画擅长写意花卉，与任伯年、赵之谦、虚谷齐名，为"清末海派四大家"之一。刻印初学浙皖各家，上溯秦汉印风格，后不蹈常规，自成一格，成为一代篆刻大家。曾参与创立西泠印社，并于1913年出任首任社长。辑自刻印成《朴巢印存》《仓石斋篆印》《齐云馆印谱》《铁函山馆印存》《削觚庐印存》《缶庐印精拓》等，他人辑其印成印谱多种。

"八竟十专之室" 石印

清

通高5.3厘米　印面边长2.6厘米

现藏故宫博物院

　　室名斋号印章。青田石质，吴昌硕篆刻。双角兽纽，印文阳文"八竟十专之室"，篆书体。印款刻"壬午（1882年）十二月朔刻于缶庐，仓石"。

　　吴昌硕印文的篆法取邓石如皖派的圆转，掺入石鼓文的体势和笔意，能在圆转中体现高古奇崛、茂拙气盛的意态。线条则以浙派苍莽滞涩为基础，变其重刀意味为重笔意，变其单一切刀为冲切披削兼使，更强化了线条方圆、轻重、锐钝的变化。

"性和风气新"石印

清

高4.6厘米　印面纵2.2厘米　横1.7厘米

现藏故宫博物院

闲文印章。玛瑙质，佚名篆刻。印文阴文"性和风气新"，篆书体，仿汉铜印。

闲文印章是指镌刻诗词或成语的印章。一般钤盖在书画上。由秦汉时期刻有吉祥文字的印章演变而来，宋元以后风气颇盛，成为中国书画艺术不可或缺的部分。内容十分广泛，且意趣盎然，书画家或自拟词句，或撷取格言、警句，以示对人生和艺术的感悟。

"护封"瓷印

清

通高4.1厘米　印面边长1.8厘米

现藏故宫博物院

　　吉语印章。瓷质，佚名烧造。狮纽，印文阴文"护
封"，篆书体，仿汉铜印。

　　瓷最初作为印材是晋唐才开始的，当时作为一般的
私印或做陪葬的明器。制作难度较大，工艺较复杂，要
经过制坯、雕纽、素烧、刻字、上釉，再经预定的温度
入窑烧造。

新
捐献文物精品
全集

"二分明月"牙印

清

通高4.4厘米　印面边长2厘米

现藏故宫博物院

闲文印章。象牙质，佚名篆刻。印文阴文"二分明月"，篆书体。

田黄石山水人物图长方章料

清中期

高4.8厘米　印面边长2.5厘米×2.1厘米

现藏故宫博物院

　　印章料。天然形石料，未刻字，有重绺。石质鹅黄色，细腻圆润。印料的雕刻为浅浮雕，雕刻主题借助石形而成"东坡游赤壁"。体表四面均雕刻山崖、流水、树木、人物等，图案线条自然流畅。工匠运画理于石面、融雕绘于一体，其工艺性极高，具有艺术欣赏价值。

白玉兽纽椭圆章料

清中期

通高2.8厘米　印面边长1.6厘米×1.2厘米

现藏故宫博物院

印章料。白玉质，圆柱形，未刻字。其上雕卧兽纽，兽独角短吻，尾卷曲分叉，作回首状。形象怪异而传神。纽上有彩绳，另附红色珊瑚珠等配饰。质地细腻圆润，属于典型的和田白玉印料。

和田玉是中国玉料中最坚硬的一种。产自新疆的昆仑山，因历史上主要产地和集散地以和田为中心，故称。主要有白玉、黄玉、红玉、紫玉、青玉等品种，其中以羊脂白玉最贵。

青田石章料

清

高7.5厘米　印面边长1.85厘米×3.65厘米

现藏故宫博物院

印章料。青田石质，深黄色，石质细腻圆润。虽无雕刻，但是色泽纯净、光若凝脂。天然材质的美感十分突出，具有重要的艺术价值。

青田石的石性、石质与寿山石不太相同。颜色很杂，红、黄、蓝、白、黑都有。岩石的色彩与岩石的化学成分有关，当氧化铁含量高时，呈红色，含量低时呈黄色，更低时则为青白色。其中质莹翠而略呈透明如冻的，名青田冻。冻有多种，最珍贵的有白果冻及蓝花冻。

"王虎榜诗书画章" 石印

民国

高4厘米　印面边长1.9厘米×1.8厘米

现藏故宫博物院

书画落款印章。青田石质，赵石篆刻。印文阴文"王虎榜诗书画章"，篆书体。印款刻："蕊仙道盟出石，索刻此小印，石农拟汉人铜章式，庚戌（1910年）端午后五日。"

赵石（1873—1933年），字石农，号古泥，自号泥道人，江苏常熟人。原在药铺当学徒，后转而学篆刻，曾先后从李钟、吴昌硕、沈石友学习，刻苦钻研，终有所成。平生治印极多，弟子邓散木得其嫡传。能书，行、楷佳，偶作画。

"嘉定徐郙珍藏印"石印

民国

高3.55厘米　印面边长2.2厘米

现藏故宫博物院

　　收藏印章。寿山石质，徐新周篆刻。印文阳文"嘉定徐郙珍藏印"，篆书体。印款刻"星州作于申江"。

　　徐新周（1853—1925年），字星州，江苏吴县（今苏州）人。精篆刻，师法吴昌硕，风格极相似。晚年游历大江南北，颇得高誉，清末民初之际，官宦佳石之印多出其手。光绪二十四年（1898年）辑自刻印成《耦华盦印存》四册，1937年宣和印社辑其印成《徐新周印存》五集十册。《广印人传》有载。

"耿朝珍生平所见金石文字"石印

民国

通高3.5厘米　印面边长1.7厘米

现藏故官博物院

　　收藏印章。寿山石质，赵时㭎篆刻。双兽纽，印文阴文"耿朝珍生平所见金石文字"，篆书体。印款刻"叔孺拟汉私印"。

　　赵时㭎（1874—1945年），字叔孺，晚号二弩老人，浙江鄞县（今宁波）人，居上海。精金石书画，尤擅画马，晚年工花卉、翎毛；喜好收藏三代彝器。刻印宗秦汉，参以宋元印风，风格自成一家。辑有《汉印分类》《古印文字韵林》等。《工余谈艺》有载。

"适庐"石印

民国

高6厘米　印面边长2.3厘米

现藏故宫博物院

　　别号印章。寿山石质，钟以敬篆刻。盘螭纽，印文阳文"适庐"，篆书体。印款刻"霞申仿完门山民法"。

　　钟以敬（1866—1916年），字越生，又字霞申，号让先，别号窳龛，钱塘（今杭州）人。原有家产，后挥霍殆尽，以刻印自给。篆刻宗赵之琛、陈豫钟、赵之谦，能得神似，为浙派篆刻家中的巨擘。亦能刻竹。《竹人续录》《广印人传》等有载。

"胡止安" 石印

民国

通高5.1厘米　印面边长2.3厘米

现藏故官博物院

姓名印章。寿山石质，楼村篆刻。双角兽纽，印文阴文"胡止安"，篆书体。印款刻"止安法家正篆。壬子（1912年）冬，新吾"。

楼村（1880—1950年），原名卓立，字肖嵩，号新吾、辛壶、玄根。浙江缙云人，旅居上海。擅画山水、花卉，书法学颜、柳；篆刻力摹秦汉印，深得旨趣。曾任上海美术专科学校、中国艺术专科学校教授。1911年曾辑自刻印成《楼村印稿》。

青玉出戟戚

商

长10.9厘米　宽6厘米　厚0.25厘米

现藏故宫博物院

　　礼器。表面受沁略呈乳黄色，局部露青色。戚的顶部有伤缺。上端呈三角尖首形，有一大二小共三个穿孔，用于固定。下部弧形，出刃。器身两侧有齿状装饰。

　　玉戚是近似玉斧，但旁边有齿棱和凹刃的一种兵仪器。《释名》："戚，感也，斧以斩断，见者皆感惧也。"戚有内和穿孔，供缚在木柄上使用。在戚的两旁加上一些齿棱，可以加强缚扎时的稳固性。盛典时手执以助威势。始见于新石器时代齐家文化，商代以后消失。

青玉鸟纹璧

西汉

通径14.5厘米　内径1.9厘米　厚0.8厘米

现藏故宫博物院

礼器。青玉质，局部有黄、褐沁斑。璧呈扁圆形，正中有孔。孔处残留青铜块，青铜块表面有织物痕迹。两周细阴刻线将璧面分为内外两个装饰带。外圈饰三只阴刻凤鸟，内圈饰蒲纹。另一面纹饰相同，一侧近沿处残留切割痕。

玉璧是中国传统的玉礼器，与玉圭、玉琮、玉琥、玉璋、玉璜并称为礼器中之六器。形制与环、瑗相似，分别在于中间的孔。孔径的大小决定三种器物的定名及用途。《尔雅·释器》："肉倍好谓之璧，好倍肉谓之瑗，肉好若一谓之环。"用途很复杂，可作祭天、祭神等的祭器；也作为礼天及区分贵族身份的礼器；又作为佩饰；并作为随葬玉器。西汉墓葬见有于璧孔扣镏金铜泡钉，系以三股绢带，悬于内棺外前端中央，用以避邪的做法。此璧应有过类似的用途。

青玉谷纹璧

汉

通径10.9厘米　内径4.6厘米　厚0.4厘米

现藏故宫博物院

礼器。青玉质，局部有紫褐色沁。璧呈扁圆形，正中有孔。两面饰谷纹。

谷纹是在玉器上隐起若干排列有序的圆点。主要饰于玉璧、玉环、玉瑗等玉器上。一般这种纹饰为浅浮雕状，手摸有明显的突起、圆滑之感，排列整齐不乱，即使近玉璧边缘处也以阴线刻出半个圆表示谷纹，以示整齐；每个谷纹尾部收刀干净，无滞涩生硬之感。

玉卧兽

明

高3.7厘米　长8.1厘米　宽5.7厘米

现藏故宫博物院

陈设器。青玉质，有黄褐色沁。圆雕，作双角卧兽形，卷尾一分为二衔于口部。或作为案头陈设，或作为镇纸使用。

明代玉器几乎全用青玉或白玉，少见有黄玉或墨玉。而且无论出土或传世品，绝大多数无沁色，更少侵蚀，有者也很轻。这充分说明了玉质的优良。表面多有玻璃质感，是由抛光材料加工制成的，是一种人工痕迹。

三友图玉水丞

明

高4.4厘米　口纵5.2厘米　口横4.7厘米

现藏故宫博物院

文房用具。青玉质，口部及器身有黄褐糖色。水丞敞口，微鼓腹，平底，中空。表面浮雕松、竹、梅岁寒三友及叠石。

以玉料制作文房用具，所见最早实例是汉代作品，此后历代均有，但数量和品种都很少。明代时玉制文房制品，无论数量和品种都较前代多，见者有玉砚、玉笔管、玉洗、玉笔架、玉砚滴、玉水丞、玉镇纸、玉印盒和玉墨床等。

龙首玉带钩

明

高2厘米　长11厘米　宽2厘米

现藏故宫博物院

　　佩饰。白玉质。带钩龙首，钩身弯曲宽扁。表面浮雕一螭龙，与钩首的龙首相对，寓意苍龙教子。背凸出椭圆纽。

　　玉带钩是系结绦带、承纳钩环之物。目前最早见于春秋晚期墓葬，钩首、钩身都较扁平、粗短，战国也是如此，但钩身弧凸，呈一定的曲线。宋元墓葬出土的玉带钩数量不多，传世者却不在少数，尤以南宋、元代居多，流行以龙首、鹿首、花瓣为钩首。回弯的钩首与钩颈间距离较春秋、战国时期相对增大。钩身片状、长圆柱形兼而有之，较前代的带钩明显细长。明代玉带钩以龙首居多。明清时期出现的各种形式的带扣，功能与带钩相似。

刻花题诗玉鼻烟壶

清

通高6厘米　口径1.2厘米　足径2.5～7厘米

现藏故宫博物院

烟具。白玉质，玉质温润莹洁。扁瓶形，直口。壶身一面阴刻花枝、叠石图案。另一面镌刻五言诗一首。诗曰："渲染非湾巧，新题号聚芳。信风都不用，已是女夷囊。"足底阴刻"行有恒堂"四字款。

"行有恒堂"为第四代定亲王载铨的专用堂号。载铨主要活动在道光、咸丰时期，咸丰四年（1854年）去世。故宫博物院所藏署这一堂名款的器物的年代介乎嘉庆十八年（1813年）至咸丰四年。

玛瑙荷叶洗

清

高3.8厘米　口径3.6～4.8厘米

现藏故宫博物院

　　文房用具。洗的造型为不规则卷曲的荷叶形。洗身为白玛瑙，背面居中斜雕红玛瑙带梗荷花一枝，花枝一侧为两条红玛瑙小鱼，另一侧为一红玛瑙小荷叶。大小荷叶均以单阴刻线表现叶面的叶脉，以双阴刻线表现叶背的叶脉。

　　玛瑙，又作"码瑙""马瑙""码磂""马脑"。玛瑙一词出自佛经，梵语本称"阿斯玛加波"，意为"马脑"。《本草纲目》："玛瑙、文石……赤斓红色，似马之脑，故名。"即因颜色和纹理似马脑而得名。后因"马脑"属玉，故名为"玛瑙"。汉以前的记载多称玛瑙为"琼玉"或"赤玉"。此器以天然的红、白双色玛瑙巧妙施刻，色彩相映成趣。

玛瑙卧兽镇

清

高2.7厘米　长4.8厘米

现藏故官博物院

文房用具。圆雕，器作卧兽形，兽首有阴刻双角，五官也以阴刻线表现。兽身主体部分为白色，四足、尾部着红色，兽腹局部见有红色小斑点。

中国古代文房中所用的镇纸，是读书写字时压放在书页或纸张上的重物。形状有方、圆、半球、随形及人物、动物、植物形。所用材料有硬木、陶瓷、金属、水晶、玉石等。为切合文人的审美趣味，多具雅思，成为文房珍玩。

玛瑙鼻烟壶

清

通高5.2厘米　口径1.9厘米　宽5.2厘米

现藏故宫博物院

　　烟具。选用绿色中伴有红色和黑色条纹的花玛瑙为原料。壶扁瓶形，直口，椭圆形圈足，肩两侧对称浮雕铺首。通体光素无纹。附带绿松石盖，盖下连象牙匙。

　　玛瑙是在高温和高压下，几种矿物凝聚在一起，经过长期风化而成的。不透明至半透明，少数透明，玻璃光泽，密度大，有白、灰、红、绿、紫、蓝、黄、褐等色。主要产于德国、捷克、乌拉圭等地，中国的东北、华北、西南、西北和华南都有出产。

玛瑙鼻烟壶

清

高5.4厘米　口径1.7厘米　宽4.5厘米

现藏故官博物院

烟具。选用白色中伴有黑褐色斑纹的玛瑙为原料。壶扁瓶形，直口，椭圆形圈足。通体光素无纹。缺盖，内存一匙。

中国利用玛瑙的历史悠久。在新石器时代的石器中就发现有玛瑙制者，可见最初只是将玛瑙当作一般矿石利用，后来逐渐利用其多彩的颜色和条纹作为装饰品。明清时期玛瑙一直是重要宝石，或做佩饰，或做器皿，在民间及宫廷生活中占据重要位置。此器将玛瑙天然形成的纹路巧妙运用于鼻烟壶表面，酷似水草在水中漂动，又似晨雾中的苍松翠柏，别有意境。

玛瑙松鼠葡萄图鼻烟壶

清

通高6.2厘米　口径2.3厘米　宽5.1厘米　足径1.5～3.4厘米

现藏故宫博物院

　　烟具。黄玛瑙，有大面积黑斑。两面阴刻浅浮雕松鼠葡萄图，两侧雕刻兽面衔环。巧妙利用玛瑙天然的颜色变化雕琢图案，意趣天成。

　　鼻烟壶主要盛行于清代，质地有玉、翡翠、玛瑙、水晶、碧玺、玻璃、瓷、琥珀、蜜蜡等。其中玛瑙鼻烟壶，因天然形成的颜色丰富多彩且与众不同，而占有相当数量。雕琢时因材施艺，形象逼真，技艺独特。大部分为光素，以表现其独特的丽质，有的还运用俏色手法仿生雕琢，使人真假难辨。

玛瑙莲花水纹鼻烟壶

清

通高6.2厘米　口径1.9厘米　宽6.5厘米　足径1.4～3.2厘米

现藏故宫博物院

　　烟具。选用黄色玛瑙，局部飘浅黄，有深褐斑块。壶扁瓶形，直口，椭圆形圈足。器身一面阴刻斜伸花枝，一面饰莲花、莲叶、水波纹。腹部两侧对称雕刻兽面衔环。附嵌玛瑙铜盖及牙匙。

　　鼻烟壶虽然仅是装纳鼻烟的容器，个头也小，但设计、制作一丝不苟，表面或装饰各色图案，或以材质天然纹理取胜。清代晚期更因之发明了独特的内画技法，成为深受清代皇室、贵族喜爱的随身把玩品，至今依然盛行不衰。

玛瑙松鼠葡萄图鼻烟壶

清

通高8厘米　口径2.3厘米　宽5.5厘米

现藏故宫博物院

　　烟具。壶扁瓶形，直口，椭圆形圈足。通体凸雕松鼠葡萄图，利用表面自然的皮色巧雕葡萄珠，枝繁叶茂，果实累累，另雕有两只松鼠和秋虫。附红色珊瑚盖，并连着象牙匙。配雕花红木座。

　　俏色雕不同于留皮雕，是因色设物。工匠用玉料本身的杂色，包括它们的瑕疵，设计出一件件色形俱美的玉器。最早的俏色玉石器是妇好墓出土的俏色玉龟，而最著名的留皮雕则是乾隆时期的玉雕桐荫仕女图。此器是留皮加俏色巧雕，尤显珍贵难得。

玛瑙鼻烟壶

清

高6.7厘米　口径1.6厘米　宽5.1厘米

现藏故宫博物院

烟具。选用黄色中伴有白色条纹的双色玛瑙为原料。壶扁瓶形，直口。通体光素无纹。缺盖，内存一匙，下配木座。

根据形成的不同矿物结构，玛瑙可分为不同的种类，有缠丝玛瑙、冰糖玛瑙、子母玛瑙及云雾玛瑙等。此器材料属于云雾玛瑙，琢制时根据"良材不琢"的原则，以原料质地取胜，主要表现玛瑙的天然色彩。这是清代玉石类工艺品流行的雕琢技法之一。

铜戈

战国

长19.3厘米　宽9.2厘米

现藏故宫博物院

　　兵器。体扁平，三角形锋。戈援宽略短，胡宽微长，有一长方形穿，栏侧亦有两穿。长方形内上有铭文"□邑"。

　　戈是冷兵器时代使用时间最长的长兵器，用于钩杀。最早为夏代晚期出现。由四大部分构成：戈头，戈的主要部分；柲，是戈的持杆，一般为木、竹制作，外用细竹片包裹，再用细丝线缠紧，外用髹饰；柲帽，是套在戈柲上端的附属物，作用是加固柲端，防止劈裂；镈，装于柲的下端，上有銎口，以纳柲体，镈的下端锐底。由于柲一般为木、竹所制，柲帽、镈有铜质的，也有非铜质的，故遗留下来的较少。一般常见的是青铜戈头。

铜铲

战国

长31厘米　宽7.5厘米

现藏故宫博物院

　　工具。前端扁平呈簸箕形，铲底及壁镂空，后接圆柄中空，柄端头下方有一小穿孔。整体光素无纹。

　　铲是农业耕作的主要农具。古称钱。可铲土、耙苗、除草和松碎表土。《尔雅·释名》："铲，平削也。"《广雅》："铲柄长二尺，刃广二寸，以铲地除草。"铜铲的形制是从新石器时代的石铲和骨铲发展而来的，在长方形青铜片的一端连铸方或椭圆的銎，銎内可装柄。铲的形式各时代大致相同。

铜弩机

汉

高11厘米　长16.6厘米　宽4.2厘米

现藏故宫博物院

　　兵器。机身不完整，缺失零件。郭侧上刻有铭文"左尚方"三字。

　　弩机是装置在木弩臂后部的铜制机件，是最早利用机械原理发挥威力的武器。构件包括：弩弦的"牙"，牙外的"郭"，郭上的瞄准器"望山"，郭下的扳机"悬刀"。扳动悬刀，牙向下缩，所钩住的弦弹出，弓箭就被发射出去，杀伤力强，是冷兵器时代威力最强的武器。最早见于战国，两汉以后弩机的使用日趋频繁，以出土的数量较多为证。

嵌松石铜带钩

汉

长20厘米　宽2.7厘米

现藏故官博物院

佩饰。整体扁平，呈柳叶状，钩头呈蛇头状。正面有一鸟形纹，纹饰间镶嵌有松石，惜多已脱落。背面有圆纽。

带钩作扣拢腰带用，古称鲜卑、师比头。带钩在春秋晚期开始出现，最初为中国北方民族所用，后传入中原。到了战国时期较为盛行，形式也是多种多样。基本形制是下端有钉柱钉于皮带的一头，上端曲首做钩，用以钩挂皮带的另一头，中间有钩体，侧视呈S形。此带钩造型弯曲似桥形，花纹绚丽，技艺精湛，堪称佳作。

鎏金螭纹铜带钩

汉

长14.7厘米　宽4厘米

现藏故宫博物院

　　佩饰。整体扁平，呈琵琶状，较细的一端呈蛇首状钩。正面有瓦棱状纹，嵌银螭纹，鎏金已脱落。背面有纽柱。

　　此器设计巧妙，造型极其生动、流畅。蛇在古代被奉为吉祥的化身，青铜器上也多有出现。《诗·小雅》云："维虺维蛇，女子之祥。"因疑此类器物应为女子腰带上的饰品。

神兽纹铜镜

汉

直径11.9厘米

现藏故宫博物院

照容用具。整体呈扁平圆形。镜背中心一圆纽，纽周围浮雕海水神兽。神兽人面兽身，身体翻转跃出海面，形象极为生动。从内圈往外依次有铭文、半圆形齿状纹、锯齿纹、云兽纹、凤鸟纹等，最边缘饰有浪花纹。

铜镜也称照子、铜鉴。多呈圆形，正面磨砺光洁，背面有纽可以穿系。始见于新石器时代齐家文化。殷商时期极少，镜面较小，背部多光素，或仅饰直线纹，纽作浅桥形。春秋时期数量也不多，目前出土的不超过十枚。战国时期铜镜兴盛，数量大增，制作精美，镜纽较小，背面多饰几何形图案或动物图案，无铭文。西汉到东汉初期进入兴盛期，铜镜逐渐变得厚重，背面多吉祥语。花纹除几何形图案外，还有禽兽纹或神人。西汉晚期至东汉初期盛行规矩镜。王莽时期出现纪年铭铜镜，纽多呈半球形，也有四蒂纽。东汉中期到魏晋，出现浮雕画像镜和神兽图镜。

海兽葡萄纹铜镜

唐

直径17.8厘米

现藏故宫博物院

照容用具。铜镜体圆，厚重。镜背中心一兽形纽，纽周围纹饰分为三圈，以弦纹间隔，从里向外分别是高浮雕海兽葡萄、浮雕海兽葡萄雀鸟、浅浮雕花朵。

隋唐时期铜镜的铸造进入再盛期，更加精美，种类繁多，新出现葵花镜、菱花镜等，纹饰有人物故事、狩猎骑射、海兽葡萄等，同时还出现了珍贵的金银平脱螺钿镜。流传下来的唐代铜镜以葡萄纹为主的圆形铜镜较为常见。

铜圆盒

唐

通高3.8厘米　直径6.2厘米

现藏故官博物院

　　贮存器。盒圆体，盖器相同，子母口扣合。饰简单的弦纹。内底刻"永元"二字。

　　唐代由于瓷器、金银器制造业非常兴盛，铜器制造业继续衰退。日常生活所用铜制品在考古发掘或传世品中所见标准器数量均不多，但种类仍很多，包括食器、酒器、水器等，还有宗庙与军事用器。制品以轻薄实用为主，少见装饰，以素面器为主。

双龙戏珠纹铜盒

清

通高3.6厘米　口径6.9厘米

现藏故宫博物院

　　贮存器。黄铜铸造。盒圆形，直壁，子母口，盖面微微隆起呈弧形。通体以錾刻的手法做装饰。盖面錾双龙戏珠纹，盖外壁鱼子地上錾夔凤宝珠，盒外壁鱼子地上錾仙鹤云朵。所刻纹饰的特点与宫廷有较大差异，当为民间作品。

　　黄铜是铜与锌所组成的合金。中国明嘉靖年间开始用黄铜铸钱。它的出现较其他几种铜合金晚很多，这是因为黄铜中金属锌的获得比较困难。在鱼子地上錾刻纹饰是唐代金银器上常见的装饰方法，后世多有仿制。

冲耳象足铜炉

清

高18.2厘米　口径11.9厘米

现藏故宫博物院

焚香用具。黄铜铸造。炉体圆形，冲耳，象足。腹部饰弦纹一道。通体光素无纹饰，表皮黝黑。外底中心长方框内起地署阳文三行六字楷体"大明宣德年制"款。

传统观点认为，据《宣德彝器图谱》记载，宣德皇帝深感内廷、宗庙、郊坛陈设的鼎彝式样鄙陋，于是下令利用暹罗（泰国旧称）等地进献的风磨铜，参考《宣和博古图》《考古图》等图样，重新铸造各式铜器。由于制品的主要功能是燃香祭拜，所以后人统称之为宣德炉。但专家们经过多年考证，普遍认为《宣德彝器图谱》是伪书，宣德炉乃晚明人臆造的一类伪文物，传世所见带有各种宣德年号款识的铜炉与宣德朝无关。由于明代晚期一些文人吹捧宣德铜炉与永乐雕漆、景泰珐琅、成化斗彩并驾齐驱，称其"精巧远迈前古"，致使所谓宣德铜炉伪品泛滥，并延续至清代，给今日的鉴别造成困惑。

画珐琅勾莲蕉叶纹炉

清乾隆

通高15.5厘米　口径14.4厘米

现藏故宫博物院

焚香用具。炉为鼎式，直口，冲耳，釜式腹，三足。附盖，盖面镂空如意云头纹，镏金宝珠状纽。通体在天蓝色地上描绘彩色勾莲纹、蕉叶纹等。外底中心红色双线方框内署双行四字楷体"乾隆年制"款。

珐琅，又称佛菻（佛菻是中国古代史籍中对东罗马帝国的称谓）、佛郎、拂郎、发蓝，是覆盖于金属制品表面的一种玻璃质材料。基本成分为石英、长石、芒硝和瓷土等。它是以纯碱、硼砂为熔剂，用氧化钛、氧化锑、砒霜以及氟化物为乳浊剂，金属氧化物为着色剂，经过粉碎、混合、熔融之后，倾入水中急冻成珐琅块，再经细磨后而得的珐琅粉，或配入黏土经湿磨后成珐琅浆。在珐琅原料的具体加工过程中，还需要加入一些矿物质材料，以充分发挥珐琅的装饰性特点。

画珐琅婴戏图鼻烟壶

清乾隆

通高5.8厘米　口径1.6厘米　足径1.5～2.1厘米

现藏故宫博物院

　　烟具。壶盖铜质镏金錾花，附象牙匙。壶直口，短颈，扁圆腹，平底，圈足极矮。腹壁绘仕女携童子嬉戏，衬以花石。画面构图采用西方的透视原理，具有立体感。在中国传统的母婴、婴戏、仕女等装饰题材中融入西洋技法，是乾隆朝画珐琅工艺的显著特色。外底有蓝料双行四字楷体"乾隆年制"款。

　　珐琅料与陶瓷釉等同属硅酸盐类的物质。它们都是用矿物原料和化工原料按照一定的比例配合，经过研磨、混合、焙烧而成。如在其中加入某种金属氧化物或矿物质材料，经过焙烧之后的氧化还原作用，就会显现出某种固有的色泽，如加红铜末呈大红色，加石绿呈绿色，加青紫石呈紫色，加石绿、洋青呈月白色。

画珐琅猫蝶图鼻烟壶

清乾隆

通高6厘米　口径1.7厘米　足径1.4~2.1厘米

现藏故宫博物院

烟具。壶盖铜质镏金錾花，附象牙匙。壶直口，短颈，扁圆腹，平底，圈足极矮。口沿下至腹上部、腹下部至足墙绘连珠三角形、四边形开光，内绘花草纹。腹壁绘一白猫于花丛中捕捉蝴蝶，猫神态生动，纤毫毕现。猫蝶与"耄耋"谐音，寓意高寿。外底有蓝料双行四字楷体"乾隆年制"款。

金属珐琅器，是指将经过粉碎、碾磨后的珐琅，涂施（又称填蓝）在按照器物造型设计要求制成的金属胎（主要是铜，也有金、银胎）的表面，经干燥、焙烧（烧蓝）、镀金、磨光等制作过程之后，得到的一种集金属制作工艺和珐琅加工处理方法于一体的复合性工艺制品。依据金属制作工艺和珐琅加工处理方法等方面的不同，一般可划分为掐丝珐琅、錾胎珐琅、画珐琅和透明珐琅等四个不同的工艺品种。

掐丝珐琅菱花口高足杯

清乾隆

高10.9厘米　口径11厘米

现藏故宫博物院

饮食器。大敞口，宽折沿，斜腹微鼓，底近平，下接细高圈足。内壁及足底镏金，但金水较薄。沿、腹、足的外壁均饰掐丝折枝花卉，沿和腹以天蓝釉为地，圈足部以宝石蓝釉为地。足底中部阴刻双框楷体"乾隆年制"款。

掐丝珐琅是金属珐琅工艺品种之一。具体制作方法是在已制成的金属胎表面，按照图案设计要求先描绘纹样轮廓线，然后用细而薄的金属丝或金属片（主要是铜，兼用金或银丝、片）焊着或黏合在纹样轮廓线上——掐丝，组成纹饰图案，再于纹样轮廓线的空白处，点施各种颜色的珐琅，经过多次入炉焙烧及镀金、磨光而成。此器造型别致，在乾隆朝珐琅器中十分罕见。

掐丝珐琅兽面纹提梁卣

清中期

通高15厘米　　口径5厘米×6.5厘米　　足径7厘米×8.3厘米

现藏故宫博物院

陈设器。仿商周青铜卣造型，长方形，收颈、鼓腹，圈足，流线型线条。双耳系链，用以悬挂。通体以天蓝色为地，以彩色花纹为饰。器身以弦纹将颈和腹分开，腹部饰兽面纹，颈部饰夔龙捧寿纹，盖的装饰与颈部相近。

掐丝技术起源很早，可能与贵金属金工艺的包镶技术有联系。一说掐丝珐琅起源于波斯（今伊朗），成熟于5～6世纪，以后由波斯传到阿拉伯、东罗马帝国等地。掐丝珐琅传入中国之后与传统的技艺相融合，取得了骄人的成就。现存最早的纪年实物，是15世纪上半叶明代宣德年间所制作。遗存至今的中国掐丝珐琅器数量大、品种多、制作精、艺术水平高，为世界掐丝珐琅工艺中珍贵的艺术遗产。

掐丝珐琅兽面纹炉

清中期

高13厘米　长9.5厘米　宽7.2厘米

现藏故官博物院

　　焚香用具。炉作鼎式，双立耳，四柱足，炉身出八个铜镀金脊。炉腹部饰兽面纹，足部饰变形蝉纹。从尺寸、体量看，此炉应是炉瓶盒三事之一，惜已失群。

　　金属胎掐丝珐琅工艺自13世纪末14世纪初传入中国，经历元、明、清三代六七百年的发展，工艺水平不断提高，出现了众多不同的艺术风格。目前所见具有年款的明代珐琅器有宣德、景泰、嘉靖、万历四朝，清代有康熙、雍正、乾隆、嘉庆、同治、光绪六朝，还有部分私营作坊的产品。

掐丝珐琅缠枝莲纹瓶

清晚期

高63.1厘米 口径16.5厘米 足径20.5厘米

现藏故官博物院

陈设器。瓶盘口，直颈，溜肩，敛腹，圈足。肩部两侧对称置兽面衔环。通体蓝色釉地上，填充多种颜色珐琅料描绘纹饰。盘口壁饰夔纹，瓶主体上有四道弦纹，将瓶体分为五部分，自上而下分别饰蕉叶纹、兽面纹、勾莲纹、缠枝菊花纹等。足壁饰几何纹。

清代乾隆时期是中国古代掐丝珐琅器生产的鼎盛时期，图案布局严谨规整，从设计到制作一丝不苟。珐琅质地细腻，品种丰富，色彩纯正，但均不透明。珐琅原料由造办处珐琅作烧炼，还有广州及进口的西洋釉料。铜胎制造厚重，镀金光亮，灿烂夺目，充分展示出皇家的富贵气派和金碧辉煌的艺术效果。但乾隆朝之后的掐丝珐琅逐渐开始走向下坡路。此瓶镀金箔，釉色晦暗，结合器型等特点判断，应是清晚期民间作品。

画珐琅西洋人物图圆盘

清晚期

高2厘米 口径11.3厘米 足径7.5厘米

现藏故宫博物院

盛器。盘铜胎，敞口，圈足。盘内壁饰一周卷草纹，盘中开光描绘西洋人物风情图景。从画面上可以看出，工匠显然不熟悉西洋人的生活场景，只好使用具有中国风格的桌椅、花瓶、围栏等元素点缀其中，别有一番情趣。盘口沿和足曾镀金，现已磨退。盘外壁白地上饰三组卷草纹。外底以白釉为地，中间位置钤红色二字篆体"赏心"印章款。

画珐琅是用珐琅来直接作画。做法是坯胎先烧上一层不透明的珐琅做底层，而后按照图案设计要求，用珐琅直接在金属胎上作画，经过入窑烧制显色而成。15世纪初由欧洲法兰德斯人发明，清代康熙年间才伴随着废除海禁和对外贸易交流传入中国。由于清皇室的喜好与需要，这种工艺被引进皇宫，与当时的掐丝珐琅艺术相互影响，并成为一枝独秀的艺术。此盘结合制作水平、画工、款识等特点判断，应是一件清晚期民间作品。

新
中国
捐献文物精品
全集

画珐琅仕女五子图圆盘

清晚期

高4.3厘米　口径29.2厘米　足径19厘米

现藏故宫博物院

　　盛器。盘圆形，弧壁，圈足。盘心随形开光，内彩绘庭院母婴图。庭院中绿草点点，奇石相叠，松柏高耸，景致清幽。一女子端坐于竹椅上作指点状，身边五个孩童或手持书卷，或赏玩金鱼，神态各异，生动自然。内壁绘花卉夔龙，外壁绘花卉果实。外底中心钤红色二字"怡德"印章款，周围以蓝色夔龙纹相围。

　　画珐琅工艺于清初传至中国，受到广泛的欢迎，宫廷和民间都有制造。宫廷制品来自清宫造办处，民间主要是京城、扬州、广州等地制造。该盘图案五子绕膝，蕴含五子登科之意。五子登科是传统的祝福词或吉祥语。《宋史·窦仪传》记载：五代后晋时窦禹钧的五个儿子相继及第，故称"五子登科"。

玻璃胎画珐琅花蝶诗意图直颈瓶

清

高12厘米　口径2.4厘米　足径4.6厘米

现藏故宫博物院

陈设器。瓶直颈，球形腹，实足平底。通体在不透明白色玻璃上彩绘花纹。腹部茶花吐艳、彩蝶飞舞，下有秀石野菊相衬。颈部墨书徐寅诗句："一枝秾艳留教住，几处春风借与飞。"首钤"佳丽"，末署"大吉""长春"印。平底中心双方框内阴刻双行四字楷体"乾隆年制"款。

徐寅为唐末至五代间较著名的文学家，字昭梦，莆田（今福建莆田市）人。博学多才，尤擅作赋。"一枝秾艳留教住，几处春风借与飞"为其诗《蝴蝶》中的两句。

该瓶贮存于一木盒内，盒上刻"乾隆年制玻璃画珐琅喜相逢诗意瓶一件"，但对该瓶具体年代的判定，长期以来存在争议。其色彩鲜艳、描绘精细，显而易见，但胎体的白色、足部外撇的做法、颈部的装饰特点又都与乾隆官造玻璃有所不同。

宝石蓝透明玻璃八棱瓶

清嘉庆

高14.1厘米　口径2.7厘米　足径4.3厘米

现藏故宫博物院

陈设器。瓶八棱体，直颈，鼓腹，圈足内平底内凹。为有模吹制，再经琢磨而成。通体呈透明宝石蓝色，光素无纹饰。外底中心阴刻单线方框，框内阴刻双行四字楷体"嘉庆年制"款。

清宫玻璃厂于康熙三十五年（1696年）设立，此后玻璃制造连续不断，直至宣统朝。综合档案记载和流传实物来看，乾隆朝为制作的最高峰，嘉庆朝是由盛而衰的转折期。该瓶造型延续的是雍正、乾隆时期的经典器型，基本上保持了乾隆时期的工艺水平，在传世不多的嘉庆朝玻璃作品中堪称精品。

新
国
捐献文物精品
全集

白地套红玻璃鹤鹿同春图鼻烟壶

清

通高5.3厘米　口径1.4厘米　宽4.5厘米　足径1.3～2厘米

现藏故官博物院

烟具。壶呈扁瓶形，圈足。白色地套红色玻璃。壶体一面雕牧牛图，一牧童坐在牛背上吹笛；另一面雕回首仰望的梅花鹿与口衔灵芝飞来的仙鹤，因鹿与"六"谐音、鹤与"合"谐音，故此图案寓意"六合同春"。附粉色玻璃盖连象牙匙。

套料是清代创新的一种玻璃装饰工艺，是用一种颜色的玻璃先制作出器型，然后用其他颜色的玻璃料经过加热贴于器上，有的是直接贴出花样，有的则是先贴上颜色料，然后再用刻花的方式雕镂出图案。套料可分为白受彩、彩受彩、彩受白，又可分为套二彩、套三彩、套五彩等多个品种。另外，依据颜色和工艺又有兼套、素套、刻花套料等众多的品类。

搅胎玻璃鼻烟壶

清晚期

高5厘米　口径1.4厘米　宽3.8厘米

现藏故宫博物院

　　烟具。壶呈罐形，扁圆腹，平底。采用搅胎玻璃工艺，由红、黑、绿、蓝、黄等几种颜色的玻璃搅制而成，通体布满形状各异的线条，自然优美，色彩绚丽。

　　搅胎是清代著名的玻璃装饰技法，分为单色深浅搅料和多色搅料等多个品种。它是用两种以上的颜色料绞拧在一起，形成有层次的螺旋纹。这种装饰除了规则的平行搅纹之外，也有不规则的粗细不等的随意性搅纹。

剔红养花图圆盒

明永乐

通高4.5厘米　直径12.7厘米

现藏故宫博物院

贮存器。平盖，盒子口，直壁，平底，矮圈足。盖面雕养花图，庭院内楼阁古树，假山芭蕉，主人端坐于阁外伸手指花，似在点评，身后立一侍从，院中置一大一小两盆花，一人亦作点评状。盖壁和器壁依次装饰缠枝菊纹、芙蓉纹、牡丹纹、石榴纹。外底刷酱色漆，无款。

雕漆是宋元以后新兴的重要漆器品类之一，是在堆起的平面漆胎剔刻花纹的技法。常以木灰、金属为胎，用漆堆上，少则八九十层，多则一二百层，待漆半干时描上画稿，并施加雕刻，具有浮雕的效果。根据雕漆颜色的不同，主要有剔红、剔黄、剔黑、剔彩、剔犀等，工艺要求高、难度大、耗时长。此器刀法圆熟，藏锋不露，地锦小巧，黄漆素地，具备明永乐至宣德时期雕漆的特点。

剔红婴戏图捧盒

清乾隆

通高18.5厘米 口径29.8厘米 足径19.5厘米

现藏故宫博物院

贮存器。盒通体髹红漆，盖面随形开光，内雕婴戏图。上下壁对应开光，开光内雕勾莲纹，外雕锦纹。

剔红又名雕红漆、红雕漆，是最常见的一种雕漆品类。即以红色漆髹饰器物，并施以雕刻的工艺。乾隆朝堪称雕漆工艺繁盛时期。在中国，婴戏图有百子千孙、欢乐喜庆的寓意。九子图是传统的吉祥图案之一，被广泛地运用到工艺品装饰上，体现了古代中国人的一种吉祥理念。

漆砂长方砚

清

砚厚1.2厘米　长12.7厘米　宽7.4厘米

盒通高4.5厘米　长14.3厘米　宽8.9厘米

现藏故宫博物院

文房用具。砚呈长方形，漆砂工艺制。盒呈长方形，通体髹八宝灰漆地。盖面上用螺钿镶嵌成寿桃纹，桃枝上寿桃累累，有祈愿长寿之意。盒盖两侧镂有如意云头形开口，既美观又方便开启，设计精妙。盒里髹黑漆，夹层内隐有一竖向抽拉的小屉，便于储物。盒外底髹黑漆，中间位置有朱漆阳文篆体"卢葵生制"印章款。

卢葵生，名栋，字葵生，世籍江都(今扬州)，嘉庆至道光年间人，以制漆玩著名。漆砂砚的现代工艺是木胎用漆灰掺金刚砂髹砚堂。卢葵生制漆砂砚尚未经科学化验分析，初步推断应当是用漆灰掺粗瓦灰或细砂后，髹涂于木胎上。此砚及所附砚盒造型规整、设计精巧、工艺精湛、款识标准，堪称卢葵生作品中的精品。

端石素池抄手砚

清晚期

通高4厘米　带盒长15厘米　宽11厘米

现藏故宫博物院

　　文房用具。砚端石质，长方形，仿宋代抄手砚式。造型简洁，砚面受墨处平滑，砚堂宽阔，砚首深凹。附乾隆款嵌螺钿花鸟漆盒。

　　端石产于广东肇庆东郊的斧柯山和北郊的北领山，因此地古称端州，故名。端石密度适中，石质优良、幼嫩、细腻、滋润，具有发墨不损毫，呵气可研墨的特色，作为造砚之材恰到好处，是其独具的优点。端砚始于唐初而盛于宋，后世更是长盛不衰，被称为"群砚之首"。

犀角岁寒三友图杯

明

高7厘米　最大口径14.8厘米

现藏故宫博物院

饮食器。亚洲犀角所制。杯体较小，壁厚，内膛浅，平底，手掂有沉甸感。杯外壁下部浮雕海水江牙及灵芝纹，上部雕松竹梅岁寒三友图等，三友图案相对独立，关系较为松散。

犀角即犀牛的角，是一种名贵的中药材，性寒、凉血，有清热解毒的功效，可以醒酒，所以古人多用来做酒杯。犀角来源稀少，主要依靠进口，因此十分珍稀，曾与夜光杯、明月珠以及金银奇宝相提并论。曹昭《格古要论》将其列为"珍奇"，统治者甚至将其当作等级制度的象征。《明史·舆服志》载："其带一品玉，二品花犀，三品金银花，四品素金。"说明只有二品官员方可佩戴犀角刻花的官带，显示出犀角的高贵地位。

犀角莲螭纹荷叶式杯

明

高8.9厘米　最大口径15.5厘米

现藏故宫博物院

饮食器。非洲犀角所制。杯作收束荷叶形，内外壁以阴刻及浅浮雕勾勒表现叶脉的向背。内膛较深，内壁口沿镂雕一小螭嬉戏其上。外壁浮雕荷花、水仙、水草等，并在天沟处镂雕草梗为柄。近底处细雕水纹，汇至底部呈漩涡状，雕工细如毫发，颇为精美。

明代流行犀角雕制品。因其具有药用功效，而且呈现扁底尖顶的自然形态，工匠们多将其雕镂成花纹各异的杯、爵等酒器。做法是将犀角倒置，截去尖部成平足，角内剔空，即成阔口、小足的角杯。犀角杯在古代又被称作兕觥。因为犀角器十分稀贵，持有者往往对其珍爱有加。

孙瀛洲捐赠犀角雕刻品

刘岳

孙瀛洲先生是现代文物鉴赏与收藏大家，学术界早有定评，尤其是他对陶瓷器的访求与研究，更是为很多学者所重视。不过，对于孙先生在其他领域的收藏，似乎目前的关注还很不够。仅从故宫博物院所接收的孙先生捐赠作品来看，至少还有一类是非常重要的，那就是犀角雕刻。

今天故宫博物院所藏孙瀛洲先生捐赠犀角雕刻共有约三十件，数量看起来不多，但是要知道故宫博物院这一类的收藏总数不过二百余件而已。孙先生的捐赠是故宫博物院历年所得犀角雕刻品捐献中仅次于香港收藏家叶义的第二大宗。即使从数量上说，这一批藏品也对故宫博物院文物总体收藏结构的均衡具有不小的意义。而从质量上看，也充分体现了孙先生对于这一类文物的鉴赏水平。

第一，在器型方面，能够代表明清犀角雕刻最基本的"型"，即广口小底杯式——根据犀角的自然形状，截去角的尖端，倒转过来，粗大的根部即转化为杯口，而不论是流还是錾（或称柄、耳），也都能在其轮廓内剪裁而成。作为一种珍罕的材质，这样的设计最大限度地减少了浪费，事实上也更好地突显出犀角雕刻本身的独特性。

第二，在作品的主题方面，其捐赠品也基本涵盖了犀角雕刻的几个重要母题，如犀角镂空梅枝耳兽面纹觚式杯、犀角宝相花螭纹花形杯、犀角镂空蟠螭耳八方杯、犀角镂空螭耳兽面纹长流杯、犀角双螭兽面纹长流杯等，作为吸收古代青铜器形式因素的仿古风格的作品，很有代表意义。其中犀角镂空梅枝耳兽面纹觚式杯带有典型的青铜觚的形制，属于仿古意匠比较明确且忠实的一类；而犀角宝相花螭纹花形杯、犀角镂空蟠螭耳八方杯则是在保留前述犀角基本"型"的同时，又加入仿古装饰及与主题关系不太紧密的螭纹等，是多种因素结合得比较好，并且富于犀角雕刻本身特色的作品；犀角镂空螭耳兽面纹长流杯、犀角双螭兽面纹长流杯也是同样风格的产物，在外形上有青铜器中约定俗成的觥、匜等器物的影子，在装饰中将简化的兽面纹，图案化的间隔扉棱，甚至镂雕战国、秦汉时期流行的螭虎凑泊于一身，仿古而又体现出强烈的时代风格。还有一类以花果植物为装饰主题，以玉兰、荷花、灵芝最有代表性，杯体常为花朵、荷叶等形状，外壁再辅以浮雕枝叶纹饰，如犀角玉兰杯、犀角镂空荷叶形杯、犀角竹子灵芝杯等作品。而在以人物为主题的作品中，犀角柳荫放马图杯、犀角松舟高逸图杯也都是工艺水平甚高的佳构。犀角雕刻中还不乏犀角仙踪吉祥图杯这样极少或几乎没有纹饰的作品，略作雕琢，呈现岩石凸凹状，注重表现材质的美感。

第三，在工艺上，通过这些作品，可以看出各种精细的多层镂雕技法在犀角雕刻中已经比较发达，圆雕、深浅浮雕及阴刻等，也时常得到灵活的运用，像犀角宝相花螭纹花形杯、犀角镂空荷叶形杯、犀角松舟高逸图杯等都是其中的代表。同时，打磨的工序也得到强调，无论是体面的转折，还是剔透的镂空，都会精心地磨去棱角，直到圆润柔和的质感和角质天然的肌理都得到完美的呈现，这一点在犀角仙踪吉祥图杯等器物上体现得最为明显。还有一种通过高温蒸煮或药水浸泡等特殊技术来使材料软化以进行器型改变的独特工艺，是其他材质的雕刻工艺所不常见的。如犀角镂空螭耳兽面纹长流杯、犀角双螭兽面纹长流杯，通过变形技术加入了一个两侧翻卷的长流，成了一批仿古作品形制上的特殊标志。而为了追求古色古香的装饰效果，对犀角器物进行染色的做法，在明清时期是比较普遍的，我们从这些作品很容易观察到。

第四，在审美风格上，犀角雕刻品形成了一种"杂糅"的倾向，将各个时代不同来源的装饰因素集合到一件器物上，既非纯粹的仿古，亦非完全的创造，体现了一个时代的风尚。这一点在螭纹的应用上显得特别清晰，如犀角宝相花螭纹花形杯等，虽然只是在陪衬的位置或作为杯鋬出现，但与主题似乎缺少有机的联系。这一点在犀角镂空梅枝耳兽面纹觚式杯的梅枝式杯鋬上表现得同样明显。这种混用使得犀角雕刻呈现出自身独特的风格与美感，值得我们深入研究。

第五，我们从犀角柳荫放马图杯、犀角松舟高逸图杯等作品上，可以看到其纹饰内容与表现技法对竹、牙、玉等雕刻工艺的借鉴，比如前者在马的动态的刻画上，非常接近传统竹雕的处理方式，这也体现了犀角雕刻的另一个特点。

原载《紫禁城》2008年第5期

象牙雕各体字纹笔筒

清乾隆

高9.5厘米　口径3.8厘米

现藏故宫博物院

文房用具。笔筒呈圆筒形，口部略小于底部。外壁刻有各体文字纹，有"长生未央""长宜君钩文""咸和四年""孝弟根其本性""朱伯灵碑"。其中"长生未央"四字刻于青铜带钩纹饰的中部，仿自汉代吉语类文字瓦当。

北宋时期形成了以古代青铜器和石刻碑碣为主要研究对象的金石学。清代乾隆、嘉庆时期，金石学进入鼎盛时期，研究范围扩大，对铜镜、兵符、砖瓦、封泥等开始有专门研究，鉴别和考释水平也显著提高。此笔筒集历代金石文字于一身，与清代金石学盛行颇相呼应。

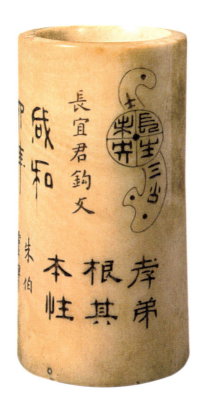

象牙染雕瓜蝶洗

清乾隆

高1.6厘米　口长15.2厘米　口宽11.2厘米

现藏故宫博物院

　　文房用具。洗的造型作剖开的瓜形，瓜蒂处雕枝叶藤蔓、花朵果实。枝蔓盘曲缠绕伸入洗内，两蝴蝶飞舞其间，一昆虫栖于洗内。叶片染成蓝绿色，筋脉清晰，花朵染成黄色，娇嫩鲜艳。

　　象牙洁白纯净，温润柔和，质地细腻，寓意吉祥，是精雕细刻的绝好材料。在温和、湿润的条件下不易脆裂，更适宜镂空雕刻。牙雕起源很早。新石器时代的河姆渡文化、大汶口文化、良渚文化已有精美的雕花象牙制品。此器系采用镂雕、阴刻、浮雕、染色等多种技法雕成，刀工精练流畅，器皿轻薄如纸，为牙雕精品。

新
中国
捐献文物精品
全集

象牙果式洗

清中期

高1.5厘米　口长18.5厘米

现藏故宫博物院

　　文房用具。洗略呈椭圆，近乎柿形。洗内纹饰沿边缘排布，一侧高浮雕枝叶、花蕾并一昆虫，物象传神，雕工细腻，相对一角浮雕绦带如意。枝叶延伸至外壁，于果蒂处镂雕折枝柄，另有一小柿在旁，至盘底纹饰皆减低为浅浮雕。除盘主体外，纹饰均经染色，在象牙本色衬托下更显鲜艳生动。二柿与如意恰谐音"事事如意"，是对传统吉祥图案的一种创造性转化，极具匠心。这种盘装饰性很强，或可用作笔掭，是清代宫廷象牙雕刻品中很有特点的一类遗存。

　　将象牙染成红、绿等色，再刻出花纹的做法称为拨镂，是著名的牙雕工艺之一。镂刻要求灵巧，能表现毛笔勾勒的意味，雕刻者的腕力、目力最为重要。达到使纹饰五彩缤纷、富丽堂皇的效果。这种手法始创于唐代，以后一直被沿用。

象牙五蝠捧寿图圆盒

清中期

通高2.8厘米　口径5.7厘米

现藏故宫博物院

贮存器。盒圆形，盖天覆地式，满雕花纹。盖顶中央圆光内为五蝠捧寿图，边缘饰一周缠枝花，立墙饰折枝莲花、石榴等四组花卉。通体地纹为规律的镂空钱纹，是典型的戳花工艺效果，与浮雕主体纹饰构成锦上添花式的繁复装饰，精美富丽。盒身立墙浮雕缠枝莲，花叶略具西洋风味。纹饰均经染色。盒底为拼装组合而成，成型方式带有车旋工艺痕迹。

清代的牙雕工艺根据雕刻技巧和风格的不同，分为南北两大流派，分别以广州和北京为中心，特色鲜明。其中广州牙雕侧重于雕工，讲究漂白色彩的装饰。此盒从造型、装饰到工艺，均具有明显的广州牙雕风格，是同类制品中比较精美的一件。

孙瀛洲著作选

元卵白釉印花云龙八宝盘

元统一了全国，但为期不长，仅有八十九年的时间（1279—1368年），在文化艺术方面，有很多是因袭宋代的旧制。制瓷工业，则以景德镇为中心，烧造的釉下青花、釉里红与卵白釉、纯红釉瓷等，都是当时的新成就。但是这些卓越的产品，在明清两代五百余年中，都未得到重视。而一般陶瓷文献的记载，多倾向于重宋轻元，甚至有将元瓷误作宋代或明代的。对于元代诸窑瓷器做具体分析的就更少了，例如《格古要论》《古窑考》《窑器说》《饮流斋说瓷》《中国陶瓷史》皆是。而各书记载，内容又大致相同，多是因袭前人之说，因之以此作为研究元代瓷器的依据，显然是不够的。我们如能抛开以往的成见，再仔细观察元代各种类型的瓷器，就不难得出与上述成见不同的看法。仅以元代釉下青花与釉里红为例，这两个品种，可以说都是元代制瓷工艺上的新成就。在图案装饰上，采用了锦缎和建筑上的某些纹饰，也吸收了一些佛教绘画的题材，巧妙地运用到瓷器上来，这表现了元代绘瓷艺人的高度才能。再以元代青花的装饰来说，就有数十样之多，都很新颖突

出和丰富多彩，这些都是宋代所不能比的。同时也打破
了宋窑唯一色的单调，为明代绘瓷奠定了基础，这应当
看作元代瓷器的一个很大的发展。

　　元代在继承宋代刻、划、印花三方面也同样有所成
就，本文介绍的一件元代卵白釉印花云龙八宝盘，就能
说明这一点。这件盘无论在胎质、釉色方面，都超过了
影青，它的图案装饰比宋代定、耀二窑并无逊色。但传
世的不多，五十多年来，闻见所及仅有三件，较之我所
闻见的宋代官、汝、哥窑瓷器为少。而且三件盘都是在
北京发现的，其中的一件，传在北京大学，另一件下落

卵白釉印花云龙八宝盘
元
高3.2厘米
口径18厘米
足径11.3厘米
现藏故宫博物院

不明，惜俱有残伤。故宫博物院藏有一件，较为完整。此盘高3.2厘米，口径18厘米，足径11.3厘米。三件盘的字铭、胎质、釉色、装饰、造型、尺寸等都相同，可能是用一个印模制成的。胎骨细密洁白而坚实，声音清脆，釉质莹润细腻如羊脂美玉，釉色是纯粹的卵白色，淡雅、瑰丽，造型淳朴庄重，盘心很平，中心印有阳纹五爪独龙戏珠，龙的形状是张口、露齿，看来十分生动。龙身下只有一朵云饰，盘里墙印阳纹双线卷枝托八宝纹饰，除花纹外，还印阳文"太禧"二字相对，与同时代带"枢府"字铭瓷器排列的方法相同。但八宝纹的排列却与一般所见有别，如由"太"字的左边看，其次序是肠、螺、轮、盖；如由"太"字的右边看是伞、鱼、珠、花。这些纹饰，都是一花朝上，一花朝下。即肠花朝下，螺花朝上，余者类推。八宝纹上的双鱼，也是一鱼朝上，一鱼朝下，极为别致，与同时代的和其他时期的任何八宝鱼形，都不相同。盘外足上刻有

卵白釉印花双凤纹碗
元
高5.5厘米
口径13.6厘米
足径3.2厘米
1984年江西乐安窖藏出土
现藏江西省博物馆

变形荷花瓣纹一周，共计十八个，瓣上边刻有单线一周。圈足、细砂底。总的来看，这件盘在造型、胎质、釉色乃至纹饰等方面，都可谓精美绝伦，胜过枢府官窑很多。

关于"太禧"字铭，从《元史·百官志》里知道它是太禧宗禋院的简称，该院是专掌祭祀典礼的机构。天历元年（1328年），罢会福、殊祥两院，改置太禧院以总之，二年（1329年）改为太禧宗禋院。

通过"太禧"字铭，参照《元史·百官志》的记载，我们知道，这件盘的具体用途是祭器。它的制造时间应在天历元年以后。天历是文宗的年号，时间属元代后期。这件瓷盘对于我们研究元代瓷器来说，确是非常有价值的历史文物。

原载《文物》1963年第1期

瓷器辨伪举例

我是爱好古陶瓷者，多年来对于中外陶瓷图录中的部分图版所划分的时代怀有一些可疑之处，至今悬而未决，深愿借众力来破除这些疑团，并增加本人的鉴别知识。

首先提出中（《参加伦敦中国艺术国际展览会出品图说》，1936年）、日（《世界陶磁全集·清朝篇》）、英（《大维德所藏中国陶瓷图录》）三国发行的陶瓷图录各一种，作为研讨的对象，因为这三种专书在世界上流行得最广，影响也较大。现在就在每种图录中各选出两个比较明显的问题，提出我的初步看法来和同志们商榷。

一、中国《参加伦敦中国艺术国际展览会出品图说》（1936年）部分

（一）第二册（瓷器）第143图，原文定为"明宣德窑宝石红菊瓣碗"一件（故宫博物院原定名"霁红带轮瓷碗"），我认为此碗定为"宣德宝石红"是不太妥当的。宣德宝石红釉器皿的特征是口釉不淌，底釉不坠，釉尽处为淡青或青灰等色，口沿处有纯白釉一周

（俗称灯草口）；其足内绝大多数白釉，多有青花款和刻划的暗款，均为六字楷书，并在款外围有双圈线，足内釉厚处闪浅淡绿色，釉薄处闪牙白色。由于宝石红的釉质不够均匀，多含有深浅的赤紫色，因而形成了隐约的丝缕条纹和星点，但无纹片（窑疵例外）。但看第143图碗的口部，表里釉都有明显的淌流痕迹，且足下坠釉，釉厚色浓，而不过底。碗全身都有隐约的纹片与橘皮棕眼，既无款识，又为直口、丰足、菊瓣形。从这方面与宣德红釉器对比，在任何方面都有似是而非之感。但它具备康熙郎窑红器的脱口、垂足、郎不流（釉不漫足）的特征，如定为康熙郎窑，可谓是名实相符了。然而只用这几点来论证，的确是不够的，因为郎窑的釉质、釉色和纹片等并非一致。以釉质而论，就有

《参加伦敦中国艺术国际展览会出品图说》第143图明宣德窑宝石红菊瓣碗

康熙郎窑碗

亮、呆、橘三种，并有厚薄之分，如亮釉光强似玻璃，呆釉光弱而浑，橘釉不平有橘皮棕眼与赤褐斑点等，并且各有不同形式的纹片。其釉色以鲜红为上色（俗称宝石红、猩血红或牛血红），赤紫、朱红为中色，而羊肝、枯紫等色为最下，且通体无均匀一致的釉色。其口足内釉色有深浅米、苹果青、牙白、青红、纯白等色。其中只有纯白釉底无纹片。

总之，郎窑红与宣德红釉是有差别的。为便于考证，附该书第143图和康熙郎窑碗图。

（二）第二册（瓷器）第163图，原文定为"明成化窑紫地五彩云龙大盘"一件（故宫博物院原定名"紫地绿龙三彩大瓷盘"），底有"成化年制"四个楷体字款，口径40.7厘米，高7.4厘米，底径25.8厘米。这是一件仿造品，因为成化官窑瓷器的器型都是轻盈秀雅的，绝无大器。圆形器中最大口径均在36厘米以下，凡是27厘米以上的圆盘的款识，都写在盘外口下，横书六个楷体字，无圈线，而且都是黑褐色细砂底，足墙高而薄。至于琢器中最高者也不满二十七厘米，都是釉子底，款识在足内。

　　成化官窑中任何仿古创新的器皿都是六个楷体字款，另外也有只用一个"天"字款的。这种器皿仅有彩瓷小盖罐，足内只写一个"天"字，并无圈线，俗称天字罐。这种罐在故宫博物院藏有很多件，术语中对此有"天字无栏确为官"的定论。而真正官窑四字款的器皿至今还未见。

　　此盘的款识地是一块如漆的黑地，而漆黑地为清代康熙时期的新发明。其方法是先用钴涂地，上盖一层大绿，经七百摄氏度左右烘烧即成光亮如漆的黑地。这种做法不仅为成化所未有，可以说终明一代也未见有过。

　　盘上龙形虽是巨头、张口、露齿，但下颌过长，双角与发划分得很清楚，缺乏生动活泼，并且其尾部似蛇，更减少了龙形应有的凶猛姿态。真正的成化瓷器上的龙形，张口、闭口的都有；上颌、下颌的长短虽不相等，却无显著的差别。

　　盘的表里纹饰都用钴料描绘轮廓线纹。这样的线纹直到弘治末、正德初期的釉上彩瓷中才偶然见到，其后

《参加伦敦中国艺术国际展览会出品图说》第163图明成化窑紫地五彩云龙大盘

三彩云龙大盘

清康熙

高7.2厘米

口径40.3厘米

足径26厘米

现藏镇江博物馆

嘉靖、隆庆、万历年间的五彩瓷便大量使用钴料描绘轮廓线纹，而用红色轮廓线的反而少见了。

从此盘的造型尺寸、纹饰色彩与款识的笔体等方面来看，可以肯定它是康熙时期的产品。如定名为"康熙紫地三彩云龙花卉板沿大盘"就无疑义了。为便于对照，仍附以原图和康熙三彩云龙大盘图。

二、日本"世界陶磁全集"部分

（一）《清朝篇》第37图原文"康熙五彩花鸟图盘一对（'大清康熙年制'铭）"。此物实为奶子碗。其上绘折枝枸杞子过枝花，上落一异鸟，而枸杞花原是干细、枝弱、体矮的一种植物，上负体重的异鸟，恐与画理不符。俗有"折枝花上不绘鸟，绘鸟须有明暗根"的说法，而这对碗的折枝花都是无根的断枝，显然不是高手所作了。

这种纹饰都是康熙时民窑仿成化款识盘上的纹饰，并非成化时期所有，而且在明代各朝的纹饰中也未见到过。后代仿成化瓷器在纹饰、色彩、款识、造型等方面与成化窑风格不同的数量甚多，这就是其中的一种新花样。

从造型、款识、纹饰等来说，凡用这种纹饰的只有盘而无碗，其款识都是"大明成化年制"六个楷体字青花款，外围双圈线，别无其他款，也无别种器型。这种盘在当时可能制造得不太多，我所见到过的完整的或残器还不到三十件，其纹饰、款识、器型、色彩大致相同。除有蝴蝶的彩色稍有区别外，都是用赭色画枝干，由盘外至盘里（俗名过枝花），以大绿和水绿绘阴阳反正的叶子，以红色绘果，以赭色绘蝴蝶。盘外有叶四组，大致每组各五叶，其中仅有一组加两小叶芽，分绘红果五个，二只蝴蝶皆黑须。盘内有叶三组，每五叶成一组，有两小叶芽，分绘红果四个，蝴蝶的须亦均呈黑色。除枝干红果外，皆用钴绘轮廓线，笔法流畅，似写似工。纹饰疏密得当，又有嫣红姹绿之美，可以说是雅俗共赏了。"后加彩专家"就利用康熙仿成化款识的素

《世界陶磁全集·清朝篇》第
37图康熙五彩花鸟图盘一对

白盘，照旧样纹饰和色彩绘填烘花后，再用浓茶水温火煮二昼夜即成。其色彩的莹润几乎是可以乱真，仅红果色稍差。这种后加彩的器皿还是供不应求的，而成化款识的康熙素白盘也不多见。

一般后加彩暂用康熙、雍正款识的素白盘、碗，加绘枸杞花果纹饰。这种例外的做法是"后加彩专家"所不屑为的。第37图碗的纹饰就是一般后加彩者所绘制的。其中枝干、果叶等比原纹饰都有所增加，尤其是所绘的一组过枝叶，漫过了碗口。这种做法可能是因为碗口的釉有些微伤，为了掩饰缺陷而加的；或者这种出乎

康熙仿成化花蝶盘
清康熙
高3.9厘米
口径17.5厘米
足径10.6厘米
现藏故宫博物院

任何过枝规律的画法，是为了照顾碗形。然而却失去气韵流畅，疏密适宜的画风。这是我对于后加彩的一些领会。附原图，又康熙仿成化花蝶盘图。

（二）《清朝篇》第68图"乾隆墨彩夏景山水图盘（'雅雨堂制'铭）"，与第69图"乾隆墨彩冬景山水图盘（'雅雨堂制'铭）"两件，都是旧胎新彩，辩证如下：

盘上纹饰都是从古代名画家的山水画册中选摹下来，作为底稿，再在底稿上描一层酱黄色，然后拍印在盘内，由后加彩名画师吴仲英用艳黑色颜料绘四季山水，詹元彬书款。烘花后其色深浅一致，但无凸、凹、远、近的区别。其原因是只重笔法而忽视了浓淡与皴点，因此，需要按照原画册的浓淡着色，烘花后，黑色的浓淡、凹凸、远近和皴点等与原画册大致相同，博得了很多热爱书画、古瓷的人们的称赞。初制四个四季山水盘归周大文。后又绘制了四个比较别致的四季山水盘。此外又绘制了尺寸稍大的四个盘，归沈伯英。后来又用与前盘稍有不同的素白盘绘制了两件，归金毓均。以上十四个墨彩山水盘的款识有"澄怀园制""雅雨堂制""德诚斋制"三种，都是四字单行红字款。又因只用一种黑色显得单调，故而在山石内外处写"乾隆"两个红色篆字，或"戴熙"二字。

关于款识用堂名、斋名的瓷器在清代各朝皆有，以乾隆时较多，其中不少是有名的精品。然而为什么只采用这三种很少有人知道且无实物可证的斋、堂、园名呢？雅雨堂即卢见曾厅堂名。卢见曾，号雅雨，清代德州人，康熙时进士，刻"雅雨堂丛书"，著有《出塞集》。另外在《饮流斋说瓷》中也有"雅雨堂制乃卢雅雨故物也"和有关德诚斋的记载。澄怀园是清代桐城人张廷玉的别墅名称。张廷玉是康熙时进士，官至保和殿大学士加太保，世宗遗诏配享太庙，有《传经堂集》。这二人都是多年的显宦，定烧自家堂名、斋名、园名的瓷器是有可能的。仿造者为了掩盖破绽才用这三种堂、斋、园名款识。如用众所周知的堂、斋名的款识，不仅多有实物的对证，同时在字体上也不可能写得完全相同，为了避免暴露仿绘起见，才用这种冷门款识来迷惑识者。

此种盘形比一般的盘要高和深，胎微厚，釉青白，口微撇，足内微有不平之感，是嘉庆民窑的产品。其中只有一对是乾隆民窑所造，但器型釉质略有不同。这些旧胎新彩的墨彩山水盘不知何时都流出国，现在国内恐已没有此种吴仲英所绘的仿制品了。以近年来说，我知

《世界陶磁全集·清朝篇》第68图乾隆墨彩夏景山水图盘（右）与第69图乾隆墨彩冬景山水图盘

道的仅有"德诚斋"款墨彩山水盘的照片一幅。

三、英国《大维德所藏中国陶瓷图录》部分

（一）第20页第19图，原文"官或哥窑型碗，碗呈八棱，具有叶形边，微向外撇。釉为灰白色，有不规则的淡红色开片，口为棕色，白色的底足被染成黑色。重505.9克，直径7英寸（北京宫廷藏器）。虽然乾隆曾按钧窑来加以描述，然而此碗貌似景德镇所仿官窑或哥窑，可能为明代制品。碗底刻有十六行七言诗（从略），见于《乾隆诗集》卷三五，名为《钧窑碗歌》"。

这个19图碗的釉色和器型可以说过去是常见到的，有纯素的，也有加绘彩的。口沿有圆、平两种，平者俗称切边口。其釉质、釉色、片纹等都和郎窑红琢器的里和底，以及圆器的足内等处毫无区别。但是由多方面来观察，此碗实为清代康熙时民窑所制。大维德认为是景德镇制品是正确的，但认为是明代制品则是误解。虽然碗底所刻的七言诗与《乾隆诗集》卷三五丙申《钧窑碗歌》文辞相同，但观原器，毫无钧窑的形质。我想乾隆距康熙只不过十三年，以清高宗本人的知识，对于其祖父时代的瓷器必有一定的认识，而且宫内所藏各种钧窑

《大维德所藏中国陶瓷图录》
第19图官或哥窑型碗

瓷器极为丰富（有不少在器底刻有歌咏诗文以及殿名、斋名），绝不致如此疏忽，居然将康熙时代的景德镇产品误作宋代禹州的钧窑。关于此碗的来历，我所知道的有如下一段故事：

1926年至1927年，北京西华门内延古斋古玩铺收进一个宋钧窑碗，表里天青色，并有霞斑片点，足内刻有清高宗御制诗：

青器欣存北宋传，阅年八百尚完全。

圜匡底用以铜锁，口足原看似铁坚。

摩抚天成岂茅蕝，䒷规月样镇团圆。

柴瓷罕见兹称古，望古因之意罨然。

此碗后来辗转为北新桥汪家胡同衡子中所有。这位衡先生一生最喜研究古陶瓷，收藏也很丰富，自号陶痴。他在新中国成立前曾担任过故宫博物院、古物陈列所的陶瓷专门委员多年，对于御题诗文的瓷器很熟悉。自从得到真钧窑碗以后便大肆宣扬，誉为世界无二的至宝，并且曾在青岛胶澳书画古玩展览会中展览过一次。一部分爱好古陶瓷的中外学者们知道乾隆歌咏陶瓷诗文的意义，凡是刻有乾隆诗文的陶瓷在以前都评价甚高，因为乾隆本人对于他最喜爱的宋代名窑和其他陶瓷精品才肯题刻诗文。他一生所作有关瓷器的诗文一百九十九首（题钧窑碗的只有四首），这些瓷器一向都被视为内廷秘宝，所以外国人千方百计地购买此种瓷器，于是仿刻御题的瓷器就出现了，但为数极少。在那时只有劝业

康熙郎窑碗

场二楼一家，专门用金刚钻在白瓷上刻划各种纹饰与影像，那里有位朱先生，能够仿刻乾隆所题诗文，每字收费五角。后来又有一位金石陶瓷书画收藏家林先生，所刻乾隆题诗尤精，且能乱真。当时中外爱好古瓷的人对于乾隆题诗的瓷器极感兴趣，绝未料到有仿刻之作，因而一概视为瑰宝，大有求之不得之叹。

在当时仿刻御题的瓷器中有盘、碗、洗、枕、壶、杯、瓶、炉、觚、盂等，大都貌似而实非，其中多数流出国。如桂月汀等人曾设计用康熙苹果青釉酱色平口碎片纹八方碗刻字，冒充钧窑，一西洋文物商人以一万三千元欣然购去。而图录中第19图之碗，是否为桂月汀等设计仿制的那一个，现在虽不能确定，但可以肯定，确为康熙后期的产品。为便于对照，附第19图，又康熙郎窑碗图。

（二）第128页第127图成化彩瓷碗，原文摘要如下：

碗呈圆锥形，口大而外撇，为六瓣花口（按：即所辑"口分六出体规圆"的器型）。在蛋壳一般的薄胎上施以极细润的颜色釉，用三种深浅不同的绿色和淡紫色，以及少许红色、黄色描绘得十分精美。在一枝卷须的葡萄蔓上，把几片绿叶和几粒葡萄连缀起来，并衬以三只蝴蝶，而且碗内外相对画着同样的图案。如对光透视，里外的花蝶恰好重合，这是一种特殊的技巧。碗底有"大明成化年制"六字青花款。

碗上的画面很像是10世纪大画家黄筌的没骨画法，不描轮廓线而用细润的淡彩渲染。在项子京《历代名瓷图谱》第64图鸡缸杯的说明里曾有过这样的记载："至于鸡冠花草，敷色浓淡之间，大得黄筌赋色之妙。"另外，在原收藏者的信件中也曾引用《博物要览》里面的一句话："成窑上品无过葡萄撇口五彩扁肚把杯，式较宣杯妙甚。"

据说此碗原为清代满族某氏所藏，一向视同拱璧，非同好契友不肯轻易示人，因此闻者多而见者少。关于此碗的记载，首见于陶瓷专书中的是寂园叟著的《陶雅》卷上第九页，有"成化彩碗，表里各画葡萄果一枝，果凡五六朵，朵紫而叶碧，光景常新，枝藤虬结处袅袅欲动。最难得者，内外彩色花纹不走一丝，映日光照之，不知其为两面彩画也"。按此记载的内容估计，著者可能并未见到原物，否则不会将果实七枚误为"果凡五六朵"，而且其中的蝴蝶大小三只和"大明成化年制"双行楷书青花六字款，款外无圈线，以及六出口的碗形等特点全被漏掉，这大概是仅凭传闻的缘故。

　　记得在1925年前后，有位爱好古陶瓷的广东人陈子勤，不知他通过什么关系，花费了多少代价，居然得到此碗，虽也不肯轻易示人，然而见闻者却比以前大大增多。凡是爱好古陶瓷的学者们大多对此碗的画面叹为绝技，誉为空前，于是此碗的声价陡然而起，以至后来竟流到国外。

　　事情的经过是，当时有一个日本古玩商福田，他的代理人寺泽久住北京搜罗中国文物，闻知陈子勤藏有成化对画彩碗后，即通知福田。不久英国人大维德和日本人福田先后来，托人介绍，以观赏的名义在东四史家胡同陈家看到此碗，认为比众所传闻的纹饰、色彩、胎质等特点更有过之，是成化瓷中唯一的瑰宝，经过一段过程终于购买而去。以上就是关于第127图成化彩瓷碗出国的大略过程。

　　然而，在此碗的时代、款识、纹饰、器型等方面皆有商榷的必要。现在把我个人的初步看法介绍给读者。

　　首先从款识笔体来分析。我们知道任何一个朝代的款识字体并非一律，当然也有个别例外，但都不失其时代风格。成化官窑器的款识多用藏锋笔法，故少有纤细的笔锋，而且笔道粗、字体肥，柔中含有刚劲，显得格外圆拙有力，极其含蓄。其色沉艳，若用放大镜看，有一层或浓或淡的云蒙，并有字色下沉的特征。款识的形式有三种：单独的"天"字款和"大明成化年制"六字单行横书款及双行竖写款。前两种款均无外围圈或栏线，只是"大明成化年制"六字双行竖写款皆有双圈或双方栏。凡与此相反的便值得怀疑。总之成化官窑款的笔体是无法模仿得乱真的。

再看第127图成化彩瓷碗的款识，"大明成化年制"是双行竖写的楷书款，每个字的笔画多是锋芒毕露，字体虽规整但不自然，因而骨多肉少。具体分析此碗上"大明成化年制"六个字的写法，如"大"字的第二笔过短，第三笔过长；"明"字月旁的第二笔过溜而无肩；"成"字的四、五两笔过软，末笔一点距肩腰过近，虽然"成"字的末笔（点）有头、肩、腰三处同功的点法，但此碗所点的地方在腋下；"化"字的第一笔细短，第三笔过于粗长；"年"字的第一笔细短，第五笔稍长；"制"（繁体字为製）字的下"衣"横笔又过短了。这种写法与成化官窑款识的写法有显著的区别，并无前面所谈的真成化款那样起笔多用藏锋，驻笔多用回锋，圆拙有力和颇为含蓄的格调。细看此碗款识的结体，都是康熙款识的风格。其款色虽浓艳青翠，但经过十二倍放大镜照视即成为浅淡、涣散而不均匀的毛蓝色，并且色浮于表面。其款识更缺少外围的双圈线，这种款无圈线而写在足内中心的器皿是成化官窑中所没有的。为便于读者对照，附康熙五彩攒盘图及成化官窑款识图，和第127原图成化彩瓷碗，以供参考。

再从彩碗的纹饰、笔法乃至造型上进一步来分析，成化官窑彩瓷的特征是双、单线平填，叶只有阳面，无

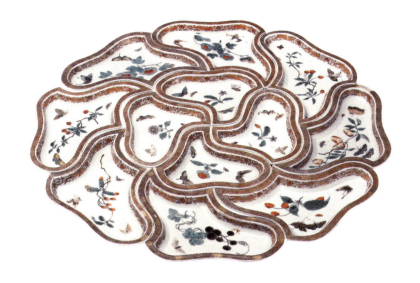

康熙五彩攒盘
清康熙
高2.6厘米
直径49.8厘米
现藏故宫博物院

《大维德所藏中国陶瓷图录》第127图成化彩瓷碗

成化官窑款识

阴阳向背之分；花朵只绘正面，无反侧之别；人物的衣着都是有表无里的一色单衣；山石也无凹凸之感。枝干不皴皮，花朵多一色（那时也有一部分为改变一色花朵的单调，在花朵上用异色填心，如红花绿心、黄花红心、紫花黄心和红花青花心、青花红心等等，相互调配以显出花朵的层次）。

上述的彩绘法表明了成化时期还未发明炼制乳香油、樟脑油等调色的方法（俗有水便于堆填、胶便于抹、油便于洗染之说）。真正的成化彩瓷除无洗染纹饰外，釉上并无黑色和黑轮廓线，只有釉下青花轮廓线。这种做法占99％以上，因此成化瓷以填彩为主体，用画笔处极少，偶或有之，也仅在花瓣、翎毛、草虫及边角处用画笔勾勒点缀。至于六出口体规圆的造型，虽有永乐、宣德年间的传世器皿，但出自成化时期的却未曾见闻。

再者第127图成化彩瓷碗所用的轮廓线，除葡萄果外其余都是釉上黑色。如从笔法上仔细观察，其轮廓线均匀细柔，用油剂调色的特征很明显。而点染描绘各臻奇妙，叶有阴阳向背之分，蝶有蹁跹飞舞之态，并用绿、紫、红、黄与藕荷等几种颜色，在碗的表里各画相同的阴阳面对花一枝，葡萄和多彩点缀的三只小蝴蝶，组成简单而不空疏的纹饰。其中设色乃至纹饰、布局等方面都超过了成化官窑水平，尤其它用的黑轮廓线和渲染技法是成化时期所没有的。根据以上分析，我认为第127图成化彩瓷碗不是成化真器，而是清代康熙中期仿成化款的作品。不过，此碗虽是杜撰的赝品，但其巧思过人的布局和雅丽的纹饰、色彩，以及别开生面的绘技等，均取得卓越而又特殊的成就。因此，我认为它应居于仿品之冠，也许不是过誉吧。

一般论明代瓷器者多有永白、宣青、成彩为鼎足三分的定论，因而成化彩瓷誉满寰宇。例如早在明神宗时尚食，御前有成化彩鸡缸杯一双，值钱十万，由此可见成化彩瓷的辉煌成就之一斑。此外，古今陶瓷文献中均有评赞它的记载，有谓画中含有诗意的，有谓绘水绘声的，也有谓诸色兼备、画笔老横、纹饰典雅的。这些美誉其实不尽可靠，其中也有出于臆想的，也有属于道听途说的。总之，详查古今陶瓷文献记载的内容大致相同，却找不出一字贬语，这也许是被以往的成见所限的缘故。

如能抛开以往的成见，实事求是地说，成化彩虽有空前的成就，但并非都是天衣无缝、十全十美的。其中也有部分粗糙败色的器皿，只是各种陶瓷文献均无这种记载，因而热爱研究成化彩瓷的人们，在鉴别其真伪时或不免发生一些疑义，受此局限最深影响最大的，我便是其中之一。

然而，我们也知道在旧社会，工艺为文人所不肯学，而陶瓷工艺美术又非专家所不能辩解。例如霍布孙（Hobson）引证谷泰的《博物要览》，其中有"成窑上品无过葡萄撇口五彩扁肚把杯，式较宣杯妙甚"

的记载，如未曾见过这两种杯的器型、纹饰，任何人也恐不易了解它"妙甚"的真实面貌。但如能看到成窑上品的实物，即知杯腹部所画的赭色枝蔓和绿色叶之外，在紫色葡萄中约有十分之一的赭色及螺旋形的黄色须蔓等。以上都是用釉下青花画轮廓线，在线里填色。并且杯里为纯白釉，口外沿和足外墙都有青花双边线一周，在足内墙写"大明成化年制"楷体字横书青花款，并无圈线。这样一系列的体征，假使只用《博物要览》上面的二十二个字来概括它的全部色彩、纹饰、器型及款识等，肯定是不够的。但是古来陶瓷专书常不免有此种遗漏，如不求甚解地相沿下去，往往会使人如坠入五里雾中，永难体会其妙处了。

这里初步提出的几个问题，因为都是多年前的往事，仅凭个人记忆所及，是不够全面的，况且能够避免此种差别的陶瓷图录恐怕还是少数。我想事隔多年原作者也一定比我知道得更早，而今日仍在这里提出的原因，不过是为了提供给青年同志们参考，在时间上和见解上均难免有错误或遗漏的地方，我殷切地希望读者的指正。

原载《文物》1963年第6期

元明清瓷器的鉴定

一、仿制古陶瓷的概况

我国瓷器不但历史悠久，而且历代名窑精品层出不穷。在漫长的岁月里，由于时代风尚或者利之所趋，不免出现一些仿制的作品。例如宋代的定、汝、官、哥、钧五大名窑，在当时就有其他地方窑仿造，虽有精粗之分，但也能风行于世。至于元代，仿制古瓷之风有增无减，如蒋祈、彭均宝等都因仿制宋代器皿曾煊赫一时，迄今声誉未衰。

到了明代，这种爱好古瓷的风气日盛，由永乐、宣德、成化时期开始便有不少仿制宋汝、定、哥、弟诸大窑的作品，但弘治时期对窑业不大重视，烧瓷数量也不多。后来从正德官、民窑开始出现了专仿当代宣德、成化时期的瓷器。以后的嘉靖、隆庆、万历三朝官、民窑也都竞相模仿永、宣、成窑的瓷器。此种风气的形成，与统治者和收藏家们的偏爱有很大关系。由"神宗时尚食，御前有成化彩鸡缸杯一双，值钱十万"① 可

---

① 明谷泰《博物要览》。

见一斑。在明代文人笔记里面也可以找到不少类似的记载。如王世贞的《觚不觚录》说："十五年来忽重宣德，以至永乐、成化，价亦骤增十倍。"沈德符的《敝帚轩剩语》说："宣窑品最贵，近日又重成窑，出宣窑之上。"甚至在《清秘藏》和《留青日札》以及《五杂俎》等笔记中，更有"宣庙窑器几与官、汝敌"或"其价几与宋器埒矣"一类的话，足见那时宣、成瓷器为世所重的程度。为了趋时谋利，当然也出现了若干仿古瓷的名手，其中最负盛名的如崔国懋，其所仿的宣、成窑器皿，时称"崔公窑瓷，四方争售"[①]；周丹泉所仿的宋代名窑瓷器，虽善于鉴别的博古家亦为所惑，文献中称他仿的定窑文王鼎是"逼真无双，千金争市"[②]；此

仿成化斗彩鸡缸杯
清康熙
高3.4厘米
口径8.3厘米
足径3.7厘米
现藏故宫博物院

①清蓝浦《景德镇陶录》。
②清蓝浦《景德镇陶录》。

仿宣德青花草花纹书灯
清雍正
高14.3厘米
口径3厘米
足径6厘米
现藏故宫博物院

外，还有吴为的壶公窑所仿的永、宣两窑瓷器[1]，其他民窑所仿的本朝名窑与宋官、哥窑器皿极多。

清代初期制瓷技术在前代的基础上有所提高，从而为制作仿古瓷器提供了更好的条件，加以封建统治者们嗜古成癖，使得仿古之风变本加厉。康熙官窑瓷器连款识也模仿前朝，著名的郎窑所仿的明代宣、成窑瓷器不仅相当成功，而且恢复了自嘉靖时失传一个多世纪的永、宣宝石红釉。当时曾有人作诗称赞它的成就说"比

①笔者所见到的有，壶公窑制造的娇黄雕刻饕餮纹元鼎和娇黄雕刻九龙云纹方印池，崔公窑的仿宣德青花折方牵牛花双耳瓶和仿成化的彩瓷杯盘，周公窑仿制的定窑双龙云纹板沿盘和官窑的鼎、炉、瓶、尊，哥窑的印池、圆洗、鱼耳彝炉等等。

视宣成欲乱真，乾坤万象归陶甄。雨过天青红琢玉，贡之廊庙光鸿钧"。①难怪清人刘廷玑著的《在园杂志》也认为它"仿古暗合，与真无二"了。雍正时期更是大量仿古，据说由宫中发出古瓷样品甚多，交御器厂仿制。官窑所仿宋哥、官、钧、汝、定、龙泉诸大名窑及明代永、宣、成三朝瓷器，在釉质、造型乃至纹饰等方面，大部分都达到了历史上最高水平，同时民窑仿品也很可观。乾隆时期所仿的古瓷种类也很多，虽然有的不如雍正仿品精致，但是官窑中所谓唐窑的仿品犹能继承旧范，独步一时。尤其是薄胎暗花②与仿宋影青器皿最为出色。《景德镇陶录》卷五称它"仿肖古名窑诸器无不媲美，仿各种名釉无不巧合"，也是信非过誉的。

清代后期瓷业一蹶不振，虽然道光时期尚有一些仿宋、明两代的器皿，但不能近似，直到光绪晚期至民

仿钧釉鼓钉洗
清雍正
高7.3厘米
口径23.5厘米
现藏故宫博物院

①江思清《景德镇陶瓷史稿》所引清人许谨斋《戏呈紫蘅中丞》诗。

②花纹镂空，只有一层薄釉而无胎骨，俗称芝麻漏或玲珑瓷。

国初年一段时间，由于中外爱好古陶瓷的收藏家日见增多，因而仿古器物又随之大量涌现。由唐代到清末几乎无不仿制。今日常见的有仿唐、五代越窑和宋定、汝、官、哥、钧、龙泉、磁州、吉州，以及仿明永乐、宣德、成化、正德、嘉靖、隆庆、万历、天启等窑的器皿，其中精品都是各有所长，咄咄逼真。例如文物业的魏善成设计的康熙三彩、五彩仿品，樊汇川设计的康、雍、乾官窑仿品，均能惟妙惟肖。此外，还有所谓高窑的仿宋钧器皿多数流出国外，有些图录居然定名为"软钧"①，炫耀于世。由此可见当时仿制技术之一斑。同时仿古的方法也更加多种多样，如用所谓复窑、提彩、补釉、补缺、套口撞底、旧坯新彩、新物旧款及旧胎刻填加彩、加暗花等各种手法仿制的赝品，堪与真者竞胜，若非精于鉴别，很少不为鱼目所混。其中较著名的如河南老艺人擅仿唐三彩、宋钧及宋黑釉油滴、酱釉加彩，山西老艺人擅仿宋代刻花、划花、剔花的黑白器皿，浙江老艺人擅仿唐、五代名窑及宋、明龙泉窑，福建德化老艺人及福州林姓擅仿德化窑，磁县彭城镇刘锁子擅仿宋元明白地黑花器，禹县神垕镇卢光鹢、卢光文弟兄擅仿宋钧、珍珠地刻花，徽州王姓擅仿清初五彩，北京王佩璋擅仿彩陶和唐三彩，古彩专家詹元广、

①英文名"Soft Chun"，见*The Eumorfopoulos Collection. R. L. Hobson V. 111*。

詹元彬兄弟与吴仲英、詹兴祥、刘春风、洪家华、法华陈、詹福利、何莽子、刘永清、岳虎臣等擅用真坯加彩仿康熙五彩、三彩及雍正、乾隆的粉彩、珐琅彩。其他如久住上海的江西张姓亦为仿古彩专家，以仿康熙彩最为可观。另外，还有近几十年来文物业设计的、由各地老艺人精心制作的历代名窑仿品，如南昌王少泉的宋吉州窑、宋影青，北京孙鹤龄的宋磁州窑，常小如、殷维溪的宋钧窑加彩、定窑和酱色釉加金彩，梁助梅的宋茶叶末釉钵，孙瀛洲的宣德青花及唐、五代越窑和宋龙泉窑，王柏泉的嘉靖、万历三彩和五彩，以及杜茂群的黑陶、法华器等。以上各种仿品多数均能乱真，甚至中外考古学家也往往难以辨识。同时日本商人等带来的日本仿宋、明龙泉窑、建窑兔毫盏，仿明万历五彩、万历青花和德化窑等瓷器也不在少数，都是在中国加工、作旧、配囊匣和木座后又辗转卖回日本。

以上不过是就仿古瓷器中较为突出的一部分略加记述，当然还有不少疏漏之处，主要仍需依靠大家不断进行研究和补充，以便进一步为瓷器鉴定工作提供更多的线索。总而言之，仿古风气的形成由来已久，其目的或是为了学习前代和别家的长处，或是为了嗜古成癖，或是为了追求利润，可以说千百年来所制仿古瓷器在过去几乎是到处可见，偶不经心即入彀中，甚至以讹传讹。这样的事例在以往屡见不鲜。因此在鉴别任何朝代的陶瓷器时，都要从多方面仔细观察，万不可因其中有几处类似的特征便妄断真伪，轻下结论。我个人在这方面虽一向主张坚持三心（虚心、恒心、信心），三多（多看、多比、多问），但以见闻非常有限，现在只能将有关鉴定方法的体会归纳成以下几点，分别缕述于后，以供同好和青年同志们参考，不妥之处尚望多加指教。

二、鉴定瓷器的要领

（一）造型是鉴定瓷器的重要依据

仿制古陶瓷，往往得其形而失其神采，能效其娟秀，未必能学其古拙。因为一件器物的创作，与当时人们的生活习惯、审美标准以及技术条件都有密切关系。一般说陶瓷器在纹饰、胎釉等方面均能体现各时代的特色，但在造型这方面表现得更为突出。所以若能善于识别其形状和神态，就可在鉴定工作中掌握一种比较可靠的方法。

观察器型首先要对历代陶瓷造型有一个基本概念。陶瓷器的形状，大体是古时简朴，随着时代的演进而渐趋繁复。以元明清三代陶瓷造型而论，元代造型大多较为钝重稚拙，无论青、白瓷器都比一般宋、明瓷器显得突出。尤其是日常应用的坛、罐、瓶、壶及盘、碗等一般器物，常见有相当大的器型。例如传世的元青花与釉里红大碗有的口径达四十二厘米，青花和釉里红大盘的口径也在四十五至五十八厘米。由于胎体厚重，烧制不易，难免有翘棱、夹扁、凹心、凸底等变形的缺陷，因

青花蕉石瓜果纹花口盘
元
高7厘米
口径45厘米
足径25厘米
现藏上海博物馆

而过去文献多有元瓷粗率之论，其实这是不够全面的。元瓷纹饰之丰富多彩，固不待言，即以大盘造型而言，十二瓣板沿花口的多是花口花底（口、底均为十二瓣花型），足见当时制作认真，虽底足之微也不轻易放过。此种做法到明代永、宣以后便不复见（永、宣只见有花口花足的把碗和中型碗、洗，而无花足盘）。

永乐时一般盘、碗的底心也多是外凸内凹，圈足较元代放大，显得格外平稳。特别是胎土淘炼精细，造型轻重适宜，如青花缠枝莲纹压手杯，就是极明显的例子。永乐时期另有一种纯白釉脱胎带暗花的器皿，胎体非常轻薄，清代人形容它曾有"只恐风吹去，还愁日炙销"的诗句①。这种薄如卵幕的瓷器，造型精美，都是盘、碗之类，后世虽有仿作，但在暗花纹饰的技巧上仍有所不及。宣德时期瓷器的造型种类更加繁多，无论盘、碗、杯、壶、罐、瓶等制作都非常精致，而且能独出心裁，锐意创新，如无挡尊可称是空前之作，除乾隆

① 向焯《景德镇陶业纪事》下篇。

时曾经仿制，后世很少有此种仿品。目前传世品中常见的永、宣时期瓷器造型有鸡心碗、花浇、僧帽壶、长圆腹执壶（流口为葫芦形）、天球瓶、扁腹绶带葫芦瓶、四方委角兽耳瓶和菱花式洗、菱花式把碗等。至成化时期在瓷质方面精益求精，造型唯重纤巧，而且也无大器，如最有名的五彩扁肚撇口把杯、鸡缸杯、高士杯、三秋杯、天字罐等都是异常轻盈秀雅的代表作品，为仿品所望尘莫及。弘治传世瓷器虽不多，但以黄釉双耳罐、碗著称于世。正德时期最突出的造型有笔架、插屏、墩式碗、磨盘式香盒、七孔出戟圆腹高足瓶等。嘉、万以后造型渐趋复杂，在器型上有很多创新之作，文献上有"制作益考，无物不有"[①]的记载。只以文具一项来说，就有笔架、笔盒、笔洗、水丞、砚台、

青花无挡尊
明永乐
高16.5厘米
口径17.5厘米
足径9.6厘米
现藏天津博物馆

①清蓝浦《景德镇陶录》。

颜色碟、颜色仓（俗称温盂）、印盒等多种多样，更有大鱼缸、大罐、大瓶、大盘（嘉靖黄地青花大盘口径有过八十厘米的）等，器型之巨尤胜过元代，其他如镂空瓶、壁瓶、捧盒、方斗杯、灯台、绣墩等不胜枚举。可以说在风格上厚重古拙与轻盈华丽兼而有之，只是比起永乐、宣德、成化时期的作品来未免粗制滥造。

清代瓷器无论在器型还是种类方面均显著增多，并且制作精巧。其中以康熙时期创新之作独树一帜。琢器中如琵琶尊、马蹄尊、象腿尊、凤尾尊、观音尊、太白尊、苹果尊、杏叶尊、棒槌瓶、布布橙、倒栽瓶、柳叶瓶以及凸腹花觚等都是前代少有的器型。雍正时期在器

青花云龙纹大盘
明嘉靖
高6.4厘米
口径73厘米
现藏南京博物院

型的创作方面也是丰富多彩的，如双陆尊、三羊尊、虬耳尊、络子尊、鹿头尊、牛头尊、蒜口绶带如意尊、撇口橄榄瓶、太白坛、菊瓣盘等。尤其是所仿宋代名窑及永乐、宣德、成化窑瓷器不仅胎釉、纹饰惟妙惟肖，而且在造型上更足以乱真。乾隆时期比较突出的造型有转颈瓶、转心瓶、转带瓶、花篮、扇子及书式印盒、书式金钟罩等。这一时期无论创新还是仿古都达到了高潮，所仿铜、石、漆、玉、竹、木器以及象生物品均十分相似。到了嘉庆、道光以后，则大多因袭旧制，很少见有创新之作。造型从精美蜕变为粗笨，已逐渐失去前期的优秀传统。例如玉壶春瓶的造型在康熙、雍正、乾隆三

粉彩镂空转心瓶
清乾隆
高40.2厘米
口径19.2厘米
足径21.1厘米
现藏故宫博物院

新
中国
捐献文物精品
全集

朝区别并不显著，以后渐渐变得笨拙，到同治、光绪、宣统时期竟变成短颈丰腹的矮粗形式，造型远不及以前那样精美秀丽了。

知道了元明清瓷器造型的基本特点之后，进而还需掌握观察造型的方法。一般首先要注意口、腹、底三部分。很多同类型的器皿乍看外表极为相似，而仔细观察这三个部分，便可得出不同的结论。例如明代中期瓶、壶、罐一类的琢器造型，多在腹部留有明显的接痕，而清代以后制品由于旋削细致，此种接痕多不明显。如此所谓一线之差，往往在断代辨伪的工作中起着相当重要的作用。又如元代大盘盘身弧度较小而浅，明代永乐、宣德时期大盘盘身弧度稍大而微深，前者底小，后者底大。特别是永乐造型，无论大小盘、碗多是器心下凹，器底心凸起，而且足内墙多向外稍撇，较外墙约矮二分之一至四分之一。其他如明清初许多民窑盘、碗底常有明显的轮状旋削痕（即所谓跳刀），而在官窑瓷器中则极少见。至于康熙大盘有些是双圈底，民窑三彩平底器物下面多有麻布纹，也是当时造型上比较常见的特征。文物工作者在鉴别新旧真伪时每以这些作为一部分依据。

有些时代接近或后世所仿前代的精品，由于纹饰画法和胎釉原料前后相似，常常很不容易区分。例如永乐、宣德青花撇口碗多在碗里绘三层纹饰，碗外绘四层纹饰，而且乍看胎釉也大致相像，都是撇口圈足。然而如仔细加以对比，便会发现它们之间的重要区别在于碗

青花竹石纹碗
明永乐
高7.1厘米
口径16.4厘米
足径5.8厘米
1939年江苏扬州出土
现藏故宫博物院

青花松竹梅纹碗
明宣德
高8.9厘米
口径22厘米
足径6.8厘米
现藏故宫博物院

腹下部收敛程度有所不同，即永乐碗腹较丰满，宣德碗腹微削。雍正时期所仿的成化青花撇口碗，也是在造型上存在着碗腹微削的缺点。这些细微的差别，是根据实物仿制时，因成型、烧窑等技术条件所限，或偶然忽略而造成的破绽（仿品的器型往往与真品器型或多或少有所区别，因仿制时虽按真品原器制造，在未烧前与真器型尽同，但经过高温烧成后，其形与真器原形在某些地方就有差别。这可能是由于原料的配制和提炼的精粗不一致，而经高温后纵横收缩膨胀的结果，为鉴别器型的关键）。至于有些仅凭传闻或只靠臆测而制成的仿品，如后世所仿的各式各样的所谓永乐压手杯之类，在造型上更是愈变愈奇（自嘉靖、万历间开始越仿越大，甚至后来有的已不成杯而变为大碗），只要见过真的实物，自然就不致妄断臆测。

以上关于元明清瓷器造型方面需要注意的地方不过略举其中一些要点，当然还有不足和例外。而某些器物除口、腹、底之外，对于柄、足、耳、颈、流、系乃至器里等许多部位都需要按具体实物做具体的分析。同时对于器体部位、尺寸大小、体重厚薄也不宜轻易放过。如能把器型上一些主要特点掌握住，自然可以运用自如，甚至有时用手一探其要处即能大体解决问题，当然这需要通过实践去积累丰富的经验。另外也必须参以纹饰、胎釉、款识等各种特征。而对于套口撞底、旧胎新彩等伪装，更不能以符合某些时代特点为满足，必须要多看、多比、多问，才不致真伪混淆，新旧模糊。

（二）不同时期陶瓷器有不同的纹饰与色彩

陶瓷器上的纹饰同造型一样具有鲜明的时代特征，并且由于绘瓷原料与技术的不断丰富和改进，无论在题材内容还是表现形式方面都有其不同时期的水平和特点，因而也成为划分时代、鉴别真伪的一条有力线索。

大体说来，瓷器纹饰的发展过程不外是由简到繁，由划印贴刻到雕剔描绘，由单纯一色到绚丽多彩。例如元瓷上惯用的变形荷花瓣（俗称八大码）图案，就是在晋瓷纹饰的基础上演变而来的。尤其元代青花、釉里红等釉下彩的出现，开辟了瓷器装饰的新纪元，打破了过去一色釉的单调局面。明清以后各种色彩的发明更丰富了瓷器的装饰，而每一种装饰方法的出现都有其产生、发展的过程，因此也可据以推断器物年代的远近。如早期的青花、釉里红因为尚未充分掌握原料的特性，所以在元代制品中颜色美丽的较少，而且釉里红中常有色调灰暗或变为绛褐或灰黑色甚至流散的缺点。但是大部分成熟的元代青花、釉里红纹饰布局都非常美观，图案不仅重视主次谐调，而且惯用多层连续的花边纹饰，无论山石、花卉，多在外留有一圈空白边线不填满色，形成一种独特的风格（至明代中期以后此种画法渐绝，

青花龙纹梅瓶
元
高41.6厘米
口径6厘米
足径14厘米
现藏故官博物院

虽间或采用，但为数不多）。此外由于原料成分的限制，在画法上也各有不同的时代特征，如元末明初有些使用进口青料的瓷器，虽以颜色浓艳煊赫一时，但色调极不稳定，很不适合画人物，因而在元代纹饰中画人物的较少，也有"元代人少，永乐无人，宣德女多男少"的说法。至于成化斗彩，虽然色泽鲜明、晶莹可爱，却也受原料和技术的限制而有"花无阴面，叶无反侧"的缺点，而且画人物不论男女老少四季均着一件单衣，并无渲染的衣纹与异色的表里之分。类似这些就表现为纹饰上的时代特征，往往为后世仿品所忽略，倘能加以注意，自然对于鉴别真伪会有一定的帮助。

另外，在施用的色彩方面也可以找到一些时代上的区别，如根据现在掌握的实物资料看，成化彩绘中没有黑彩，当时除用釉下钴画蓝线外，还用红、赭色描绘轮廓线。假如我们遇到一件釉上黑轮廓线的成化彩瓷器，就应该怀疑它是否真实可靠，因为黑轮廓线的应用最早不超过正德初期。其他如粉彩的出现，现知不会早于康熙晚期，当然也很难令人相信施有粉彩的仿明瓷器不是赝品了。

至于乾隆时期，由于大量使用洋彩，并且吸取了西方纹饰图案的装饰方法，有些作品但求笔法线条精细与纹饰的奇异，从而有部分花样失掉了固有的民族风格。这种瓷器以乾隆中期以后的制品较多。其他如明代正德时期的官窑瓷器中多有用阿拉伯文字做装饰的。清代外

青花阿拉伯文罐
明正德
高36厘米
口径17.3厘米
底径18厘米
现藏首都博物馆

销瓷器中也有画着西洋纹饰图案的，都是比较别致的一种装饰，具有鲜明的时代特征。

在用文字作为瓷器装饰的特点上，明清两代制品仍有所不同。如明代瓷器有写梵文、经语、百"福"字、百"寿"字的，而用大篇诗、词、歌、赋以及表、颂等做装饰文字的则是康熙时期的创作。例如《赤壁赋》《滕王阁序》《前出师表》《后出师表》《圣主得贤臣颂》等，此种只有文字而无图画的器皿历朝很少仿制。明确这一点，在我们判断时代辨别真伪的具体工作中也是很有参考价值的。

根据纹饰的笔法同样也可以看出时代特征。例如康熙瓷器由于当时对绘瓷方法十分重视，因而无论官、民窑瓷器在这方面的成就都非常可观，而且瓷器上的图案纹饰多是模仿名画家的笔法。只以画树方法而论，康熙枝干喜用披麻皴，显得老笔纷披、奔放有力；而雍正彩所绘枝干只是描绘皴点，工力虽细，但笔力纤弱，索然无味。若能仔细从它的起落转折等处看清笔法，自然会有助于我们的鉴定工作。至于明清官窑纹饰多较为工整而板滞无力，民窑纹饰则气韵生动而粗放不羁，这些都是大家所熟知的特点。不过，在官窑中又有所谓钦限、部限①之分，民窑瓷器中往往也有近似官窑的作品，这种以清代带私家堂款者居多。

提到官、民窑瓷器，很容易使人联想到"官窑龙五爪，民窑龙三爪或四爪"的问题。这种封建社会的典型纹饰，一般说来固然也提供给我们一条判断真伪和区分窑别的线索，然而并非是绝对的。在民窑瓷器中有五爪龙的纹饰，官窑瓷器画三爪、四爪龙的作品也存在。例如宣德官窑青花海水龙纹天球瓶及大量的康熙官窑青花鱼龙变化折沿洗等均画三爪龙，康熙官窑绿地素三彩云龙纹文具盒画四爪龙。而元代民窑青花龙纹器皿则三爪、四爪、五爪者均有，并且明清民窑瓷器中也不乏此种例证。

官窑瓷器上的纹饰往往还与当时最高统治者的爱

---

①钦限瓷是指清代皇帝特别指定要做的瓷器（如乾隆时各种挂瓶等），按图烧制，限期完成，质量方面尤其讲究。部限瓷则是工部每年按需用计划烧造，一年数次，专供喜庆大典和佛堂祭祀之用，质量不似钦限瓷那样要求严格。

青花海水龙纹天球瓶（三爪龙）

明宣德

高43.2厘米

口径9.4厘米

足径16.5厘米

现藏故宫博物院

青花鱼龙变化折沿洗（三爪龙）

清康熙

高6.7厘米

口径38.7厘米

底径27.2厘米

现藏故宫博物院

好和意愿分不开。如明嘉靖皇帝迷信道教，于是多喜用八卦、八仙、云鹤一类的图案做装饰。清道光皇帝嗜爱鸽、犬、草虫，因而这一类的画面出现得也较多。又如清代有赏赐瓷器之风，举凡雍、乾、嘉、道、咸五朝皇帝所赐群臣的瓷器，照例是以白地青花莲为主要纹饰，并以海水纹饰绘瓶口者为多（此种赏瓶通身共有九层花纹）。使用这种纹饰，据说是表示为官以清（青、清同音）白为重，莲是廉（莲、廉同音）洁，海水是象征四海升平之意。其他如一桶（统）万年（万年青）、二蟹（甲）传芦（胪）、三羊（阳）开泰、四妃十六子、五伦图、六国封相、七珍、八宝、九连登、百"福"、百"寿"、红蝠（洪福）齐天等，在明清瓷器上出现得很

青花缠枝莲纹赏瓶
清雍正
高37厘米
口径9.5厘米
足径12.3厘米
现藏广州市文物总店

多，如能进一步联系当时的时代背景，对于我们掌握其发展规律大有裨益。

此外，如某些常用的瓷器纹饰在同时代的银器、漆器、铜器乃至织绣等方面得到有力旁证的事例也屡见不鲜。若能举一反三，互相印证，往往能发现时代的特征，找出共同的规律，而对于历代瓷器纹饰中较为突出的时代特征尤其需要了如指掌。例如元瓷的变形荷花瓣和山石花朵不填满色的画法，永乐、宣德瓷的牵牛花与海水江牙，正德瓷的回纹和行龙穿花，嘉靖、万历瓷的花卉捧字和道教画，康熙瓷的双犄牡丹和月影梅花，雍正瓷的过枝花与皮球花，以及乾隆瓷的万花堆和锦上添花等纹饰，在决疑辨伪中有重要作用。总之，观察瓷器

青花牵牛花纹委角瓶
明宣德
高13.8厘米
口径5.5厘米
足径7.3厘米
现藏天津博物馆

新
中国
捐献文物精品
全集

纹饰既要考虑到它由简单到复杂、由一色到多彩的发展过程，也要留意其题材内容、笔法结构以及时代风格和所用原料，并且多参考其他旁证，方可得出初步认识。当然还不能执此一端即轻下结论，因为后世利用所谓复窑提彩、旧胎刻填加彩、加暗花等种种手法制成的仿品，往往足以乱真。必须进而结合其他方面的特征，做全面的分析研究。

（三）掌握住明清两代款识的规律

根据款识以定瓷器之新旧真伪，是鉴别工作中比较重要的一个环节。因为今日的传世品和仿品以明清两代瓷器居多，而明清官窑绝大部分都有年款，并且各有其特征。只以明代款识而论，就有"永乐款少，宣德款多，成化款肥，弘治款秀，正德款恭，嘉靖款杂"一类的说法。因此研究各代款识，首先要注意其笔法，如横、竖、撇、捺、钩、挑、点、肩等八笔的特征，都须认真加以领会和对比，以有助于识别真伪。由于每个人的字体不同，写官窑款的字体又必然经过选择，具有一定的水平，因而写仿款的人势必谨慎地模仿，唯恐有不似之处。既然过于谨慎，就难免失于局促，笔法也不容易自然生动。这种破绽，只有多结合实物反复印证方能看出。

然而，只靠这一方面的研究仍嫌不足，尤其是元代以前瓷器并无正式官窑年款。虽然根据文献记载，北宋曾有带"景德年制"四字的瓷器，但未见实物。只见过耀州窑有印着"大观""政和"字样的碎片，元代也只有带"枢府""太禧"以及干支的器皿，且为数甚少。明清两代纵有款识，而晚清及民国所仿字体十分逼真，极难识别，必须同时详较其字体及位置，方不致发生错误。例如永乐年款以现有实物来说，只见到圆器上有四字篆书款写、刻或印在器里部的中心，而文献上还有六字款的记载，但无实物，并且在琢器上也未见过带年款的器皿。不过仿品却有四字或六字楷、篆书款写在器里或底足、口边的。又如宣德款有"宣德年款遍器身"的说法，普通多在底足中心或圆器里心与口边，或琢器的口、肩、腰、足一带，甚至个别还有双款（如合欢盖盒、文具盒等在盖里和底足均有年款）。这类款识有竖款也有横款，六字款多而四字款少。至于嘉靖年款的排列方式更较前复杂，除单行横款、双行直款外，尚有环形款、十字款（即上下左右写）等。诸如此类，都需要进一步掌握其规律。

大致说来，在字体方面明代多用楷书款（只有永乐、宣德、弘治和其他等少数例外）；清代顺治、康熙二朝亦为楷书盛行期（康熙篆书款尚不及百分之一）。雍正则楷书款多于篆书款，由乾隆开始篆书款渐多于楷书款，嘉庆以后篆书款遂成为主流，直到清末才又恢复以楷书款为主的趋势。而明清两代的楷书款与篆书款在书法上也各有其不同的风韵，可以说是多种多样了。

其次还应仔细观察款色。例如明清瓷器款识多以

楷书"大明成化年制"款　　　　　　　楷书"大明弘治年制"款

篆书"大清雍正年制"款　　　　　　　楷书"雍正年制"款

篆书"大清乾隆年制"款　　　　　　　篆书"乾隆年制"款

青花为主，明代款的青花颜色若用放大镜照视，多是深厚下沉，清初仿品也大致如此。道光以后的仿品青色则涣散，而且浅淡上浮。尤其是宣德款色往往在同一器物呈现黑、蓝、灰等几种颜色，这一点虽不美观，却是后世绝难效仿的特征。自明正德至清代末期的款色增加甚多，有红、绿、黑、蓝、紫、金等色，并且也使用了刻、雕、印、堆等方法，然而仿制品在款色与刻、雕、印、堆的方法上并未减少。只有认真加以区分，方可看出因用料和技术不同而各有其书法特点，同时由此也可大体判断其时代真伪和瓷质优劣。例如康熙青花款的"康"字多用半水（氺）或楷水（水），很少写成泰水（氺）。但是堆料款"康熙御制"的"康"字却多受原料特性与边框的限制，只能写成"水"，不易舒展。又如乾隆时期以前多用青花款，其后多用抹红款。而且清代康、雍、乾堆料款的瓷器绝大部分是官窑中的精品。

在用字和写法乃至字数方面也有一定的规律可循。例如明代官窑有的题某某年制，有的题某某年造，而清

红料篆书"大清嘉庆年制"款

阴刻"正德年制"款

青花楷书"大清康熙年制"款

红料"康熙御制"款

代官窑却一概都用"制"，还未发现有用"造"字的。其他如宣德的"德"字心上不写一横①，成化的"成"字有所谓"成字一点头肩腰"的特征②，万历的"万"（繁体为"萬"）字也有"羊"字头与"廿"字头的不同③，以及写"康熙御制"四字款的瓷器十分之九以上为当时新制的精品等，这些都是鉴定工作中值得注意的地方。

明清瓷器除一般的官窑款外，民窑瓷器中带年款的也不在少数。但大都是景德镇所制，其他地方窑写款

---

①宣德官窑款的"德"字多不写中间的一横而成"德"，后世仿品每忽视此特色。

②成化官窑款的"成"字最后一点，有的点在横线右上方，有的点与横平等。

③万历官窑款的"萬"字有的写成"萬"，有的写成"萬"，前者谓之羊头万，后者谓之草头万。

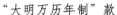

"大明万历年制"款

"大明隆庆年造"款

的极为罕见。除上述纪年款外，还有所谓堂名款（如中和堂、慎德堂）、殿名款（如体和殿、储秀宫）、轩名款（如宜古轩、尘定轩）、斋名款（如拙存斋、乾惕斋）、吉言款（如万福攸同、德化长春）、赞颂款（如万寿无疆、洪福齐天）、陶工款（如吴为、崔国懋）、珍字款（如珍赏、珍玩、奇石宝鼎之珍）、用字款（如上用、公用）、干支款（如康熙辛亥中和堂制、辛丑年制）、供养款（如"信州路玉山县顺城乡德教里荆塘社奉圣弟子张文进喜舍香炉花瓶一副，祈保合家清吉，子女平安，至正十一年四月良辰谨记，星源祖殿胡净一元帅打供""皇清康熙甲子岁仲秋日吉旦供奉普陀禅院圣佛前"）等。

总之，观察款识既要注意其笔法、字体、位置、款色和字数、结构等各方面，也应当知道同一时期的款识笔法早、中、晚期仍有不一致的地方，只是在风格及色调上不失其时代特征。因此，务必互相印证，稍有可疑之点，便应做进一步的推敲和研讨。何况仿品中尚有新物旧款与真坯假彩等手法，主要仍须根据造型，其次要参考纹饰、胎釉等各种特点，如此步步深入，才可能具有比较可靠的辨别能力。

（四）细致观察胎釉的特征

由于时代和地区的不同，在胎釉成分和烧造方法上

红彩楷书"上用"款

青花山水人物图凤尾尊

清康熙

高43.7厘米

口径22.8厘米

足径15厘米

现藏故宫博物院

青花楷书"彩秀堂制"款

青花篆书"储秀宫制"款

也或多或少有着比较明显的差别，因此在鉴别一件陶瓷器时决不能离开这方面的细致观察。

观察古瓷的釉质，一般要注意其釉质的粗细、光泽的新旧以及气泡的大小、疏密等几方面的特征。如旧瓷多有所谓荧光或酥光①一类的光泽，这种深厚温润的釉光是由于年深日久而自然形成的。新瓷则多具有炯炯刺目的火光②。但是有仿品经过茶煮、浆沱、药浸、土埋的方法加工处理后，也可以将此种火光去净（如用放大镜仔细观察，即能找见破绽和不自然的光泽）。相反地，一向被妥善保藏的旧瓷，也会不失其崭新的釉光，如康、雍、乾三朝的瓷器，有些从未启封而保存至今，一旦开箱其光泽依然灿烂如新（如遇到此种崭新的旧瓷，须从器型、釉质、色彩、纹饰、款识等几方面详加考虑）。所以如果只凭黯然无光即所谓失亮一点作为历年久远之证也是不可靠的。又如一般旧瓷常有所谓柳叶纹、牛毛纹、蟹爪纹、鱼子纹、鳝血纹、冰裂纹等大小不同的片纹，这些虽成为宋官窑、哥窑、汝窑等瓷器上自然出现的特征，然而后世仿品同样能凭人力做出相似的片纹。尤其是雍乾时期景德镇仿官、哥窑的制品最能乱真，稍不经心极易混淆。因此仍需进一步观察釉中所含气泡的大小疏密，方不致眩于假象。如官、哥窑釉泡

---

①两种都是指旧瓷釉面上蕴含的一种如玉如脂的光泽而言，与一般新瓷釉上出现的所谓浮光相反，前者光由内发，后者光由外烁。

②指上述的所谓浮光而言。

之密似攒珠，汝窑釉之疏若晨星，以及宣德釉面有所谓的棕眼等，这些都是不易仿做的特征，可以当作划分时代的一条线索。

此外，在观察釉质时对于釉层的厚薄程度及缩釉、淌流状态也需要加以注意。如宋钧窑瓷釉多如堆脂，定窑瓷釉多有泪痕，明清脱胎瓷釉竟薄如卵幕或莹似玉石，这固然都是难能可贵的特色，可是后世仿品也能大体近似。若不参照其他方面的特色，并注意器里和口边、底足等处，则往往失于片面。例如元代琢器表里釉多不一致，而且常有窑裂、漏釉、缩釉、夹扁的缺陷；永乐白釉器皿的口、底、边角与釉薄处多闪白和闪黄色，釉厚聚处则闪浅淡的豆青色，并且琢器的表里釉多均匀一致；康熙郎窑红釉则有"脱口垂足郎不流"①以及米汤底②、苹果青底等特征。这些都是后世仿品难于仿效之处。

至于明代景德镇官窑的釉质多有肥厚之趣，清代初期官窑釉质则有紧密之感，不过是就一般而论，当然也有例外，而且后世的仿品在这方面更不乏乱真之作。所以说只凭釉质而断瓷器的新旧真伪仍嫌不足，势必进一步研究其胎质不可。

---

①郎窑以深红宝石色釉为主，一般器物口边的釉色多较浅淡，故曰脱口，而器底釉色浓艳，釉多厚聚，故曰垂足，釉虽垂流而不漫底，故曰郎不流。这种技术特征也正是郎窑红最不易仿效之处。

②指米黄色底而言。

　　鉴别胎质主要是观察底足。大致说来，元代器皿底足多露胎而质粗，明清瓷器有款者底多挂釉（但也有极少数底款有釉而周围无釉的），清中叶以后则露胎者渐少。但无论任何时代器皿，在圈足的边缘或口边露胎和器身缩釉之处，大都可以看出胎质火化的特色。例如元瓷胎多粗涩而泛火石红色，明清瓷胎多较洁白细腻而且很少含有杂质，火石红色也减少甚至不见。这一方面标志着胎土淘炼方法随着时代的推移而不断进步，同时也自然形成了早晚、真伪之间的一条分水岭。试以明代永乐、宣德时期的砂底器皿而论，因为选料和淘炼技术较元代精细，虽亦不免含有微量杂质，形成黑褐色的星点，但已少有凹凸不平的缺点，用手抚摸多有温润细腻之感。而明末清初的砂底器皿及后世仿品的胎质则比较粗糙。又如成化的瓷质一向以纯洁细润著称于世，迎光透视多呈牙白或粉白色，并且具有一种如脂如乳的莹润光泽。而雍正官窑仿成化的瓷器尽管在造型、纹饰和色调方面都有相当成就，同时其釉质、胎质在表面上看来也十分逼真，但若迎光透视则呈纯白色或微闪青色。

　　上述这一点当然也关系到原料本身质量的改变，例如对于嘉靖瓷质不及前朝，一般多归咎于麻仓土渐次告竭。《博物要览》中曾有"奈饶土渐恶，较之往日大不相侔"的说法。然而也不宜过分执着于胎土的颜色和粗细之论，因为即使是景德镇同一时代所产的瓷土，也决不止采自一两处产坑，从而有的细腻滑润，有的细而不润，有的甚至相当粗糙。何况胎土配合的成分也是决定胎质的关键，而且由于制作方法和火候不同，胎色又有纯白、微黄、微灰或微青等若干区别。因此如果单凭胎体本身的质量作为断代的标准，还是不够全面的。

有些胎体过薄的器皿如脱胎瓷和永乐、成化瓷一类，因露胎处极为细小，较难辨别胎土的颜色。有些即使不是薄胎，但因裹足支烧而足不露胎，或受窑火影响而使露胎颜色发生变化，如所谓紫口铁足的器皿在宋、明、清瓷中均不乏其例。这些似已成为鉴别上的重要条件，然若剖视其断面，便可发现未直接受窑火煅烧的内部胎色并不如此。同时一般传世品经过多年的污染，也很难辨清胎体的本来颜色。所以为了有助于胎质方面的鉴别，有时还需要兼用比重量、听声音的方法（如所谓瓷胎声音清脆，缸胎体重而坚硬，浆胎体轻而松软等）。至于带有支钉痕的器物，如能细审其钉痕的大小、形状及数目、颜色，也是大有裨益的。

一般说来，永乐、宣德、成化瓷胎均较元瓷为轻，而宣德器皿又比永乐为重。若由断面剖视元明器皿，在口边处的厚薄区别并不很大，主要全在器身和器底相差悬殊。其他如后世新仿的宋吉州黑釉圆琢器皿，无论其外貌如何神似，总觉声音清脆（古瓷研究者术语中所谓声音发"泠"），而真者声音反觉沙哑，也是一个明显的实例。

由此可见，辨别胎釉，既要用眼来辨其色泽，度其厚薄，审其片纹，观其气泡，也要用手摩挲以别粗细，用指叩敲以察音响。可以说目、手、耳三者并用，方不致限于表面或拘于一格。而对于旧坯新彩、补釉提彩、旧彩失色重画，以及旧白釉器新作暗花、款识等各式各样的仿品，尤其应当慎重研究。如果满足于局部的特征相符而失于整体的条件不合，或只看外表而忽视器里，或但观釉色而不问胎质，都是片面的。所以说造型、纹饰、款识、釉质、胎质等鉴定方法必须并用，方能收到殊途同归、全面一致的效果。

三、元代景德镇瓷器简述

过去人们对于元代瓷器，多认为粗糙而不加重视，其实这是一种片面的看法。元代瓷器一般说来，可以说是"粗者甚粗，精者颇精"。这种情况和宋代瓷器粗精并存基本上是一致的。例如北方一些地方窑的产品，白地黑花、白釉及黑釉器皿很少有过去那样精美，但是南方的景德镇窑和龙泉窑等不仅未断烧造，而且在以前的基础上有所发展。特别是景德镇窑在当时没有受到很大的破坏，同时又集中了各地的工匠，在技术上更加全面。产品中以青花、釉里红、纯蓝、纯红及青花加紫可为代表，其中青花瓷器甚至大量传播国外，至今亚洲南部有些国家还保存有不少精美的我国元青花瓷器。近年在保定出土的几件元代瓷器[①]，比较全面地反映了当时

---

① 见《文物》1965年第2期。

的烧造水平。本文想就景德镇瓷器方面根据个人多年的一些心得体会，谈谈自己的粗浅认识。

（一）元瓷的造型及胎釉

元代景德镇瓷器与宋代名窑作风有所不同，一般多比较厚重，而且形制巨大，为以前各代所未有。例如常见的大碗，腹部下垂，直口，圈足，底足内部无釉（俗称墩子式，传世品有的口径达到42厘米，高至17厘米）；大盘底厚体重，圈足，砂底，而且底径略小，盘身弧度亦小而浅，由于体积过大（传世品有的口径达到58.5厘米，高至11厘米），多有翘棱、夹扁、凸底、凹心的毛病。然而也有形制较小的制品，如釉里红菱花口盏托，口径不过19厘米，高不过2.5厘米；釉里红碗口径20厘米，高9.8厘米；有的蓝釉小盘则较平浅，通体薄胎，平砂底，无足，造型别致；有的枢府釉小碟，底

青花麒麟纹盘
元
高7.9厘米
口径46.1厘米
足径26.1厘米
现藏故宫博物院

心厚，口边薄，这类多是浅圈足或实平小足而无釉露胎。至于把杯、把碗之类，把有高低方圆之别，或如甘蔗段，或为光素，且多中空。无论把杯、把碗或一般圈足碗、碟，底心凡露胎者多有一脐状凸起，此为元瓷中常见的特征之一，在决疑辨伪时很值得重视。

元瓷式样颇多，以罐、盘、碗、瓶、尊等较为常见。另有几种创新的器型，如短颈、小口、扁方、砂底的四系壶；洗口、扁腹、兽面耳、平砂底的大罐；撇口、丰腹的大尊；洗口、长腹、象耳的大瓶；长流、细颈、长圆腹的执壶；八方带梅瓶和菱花口盏托、藏草瓶、僧帽壶、军持、宝座等。这些都给明清瓷器提供了丰富的式样。其中如八方梅瓶、四系扁壶不仅空前

青花海水白龙纹八方梅瓶
元
高46.1厘米
口径6.2厘米
足径13厘米
1965年河北保定元代窖藏出土
现藏故宫博物院

未有，而且终明清两代未见有此种造型。另外如花口花底足的大盘，制作尤为精致。这种造型除明代宣德时期的碗和把碗中曾有仿作之外，其余尚未见有类似制品。特别是所有元瓷带盖瓶、罐之类，盖内子口凸出，恰与瓶、罐的口部吻合，不易动摇，后世多无此种制法。由此足以看出元代制瓷工匠们的细心和巧智，在断代工作中也是十分有力的依据。

从胎釉方面大体说来，元瓷胎质淘炼得不如明清瓷细致，因而在砂底处多有砂眼、刷痕和铁质斑点，并在底足、口边与缩釉露胎处呈现火石红色（也通称为火石釉或黄衣子）。这种特征在明清粗瓷中也偶然出现，然而不如元瓷之普遍。较大器物如上述的大罐、大瓶之类，接口旋削极不细致，用手抚摩多凹凸不平，并且坯体厚重，器里釉少而薄。

釉色以白中闪青者居多数（俗称青白釉，或枢府釉）。元代大体上是早期的釉色青白，而后期的则较白，两者均有垂釉如泪痕（呈淡青或灰绿色）；至于纯红、纯蓝釉则比较少见①，这两种色釉作为新的发明来看，也是比较难能可贵的。明曹昭《格古要论》中曾提到"有青黑色戗金者，多是酒壶、酒盏，甚可爱"。但一直未见过实物，只见有传世的红釉印划花云龙纹盘、红釉

---

①红釉色如羊肝，蓝釉色近似嘉靖回青，比雍正、乾隆时期的霁蓝鲜艳，且无棕眼。

划花龙纹小壶、红釉印划花云龙纹把碗和新出土的蓝釉金花匜、蓝釉金花酒杯，以及传世的蓝釉地白龙纹盘。

上述的胎釉特征，主要是指景德镇窑瓷器而言。尤其是河北省保定市新出土的那件元青花加紫开光捏雕花盖罐，匠心独运，制作精巧，那种捏雕花与另一件影青玉壶春瓶上的串珠式的装饰，在元代前后的历代瓷器中都是极为少见的，从而也可算作它在形制上的一种特有技法。

所谓枢府釉，原是以器内印有"枢府"二字而得名。这种釉的上品特征是釉质紧密，色调青白，气泡极小且密，相当美观。而一般粗制品多有败色及窑裂。把杯、把碗底足内部多不挂釉（有个别的在高足里部只挂半截釉，青花高足碗亦如此），且有零星白釉散溅在里

青花加紫开光捏雕花盖罐
元
高41.2厘米
口径15.5厘米
底径18.7厘米
1964年河北保定窖藏出土
现藏河北省博物馆

足四壁。此点若不细心观察，每易忽略，是帮助我们决疑辨伪的一条很得力的线索。

在细心观察胎釉之外，还必须注意纹饰的色泽。如釉里红和青花在元代由于刚刚掌握它们的特性，开始用来绘制成图，因此早期作品颜色不鲜，常有变色和流散的缺点。往往两者都变作灰褐色或浅绛色，一时不易分清彩色的种类。可是后来也不乏色调鲜明、釉质滋润、红似朱砂、青如翠黛的精品。总的说来，以前面所说的颜色灰暗者居多数，特别是青花瓷器在用料方面也受到一定的局限。据笔者初步统计，元代青花中所谓国产上料约占十分之四，其中有的确与使用苏麻离青料的制品不易区别。因此在区分元明青花瓷器时，往往增加了困难。关于这个问题，除需要对比其造型、胎釉及纹饰外，很重要的一点是，详细观察其青花上面呈现的黑色斑点。一般说来，元代青花在黑色浓聚处闪烁如铅，有人把它叫作锡光。而明初（永乐、宣德时期）的青花则有所谓铁锈斑，颜色发黑。如迎光侧视，则觉锡光上浮与周围青色同在一层，铁锈斑下沉较周围青色内陷不平（但不使用进口料的青花很少有此现象）。

总之，元代青花经与明初青花对比，大体上可以分出三种不同的色调。其中所用颜料多数是进口的苏麻离青料或中外混合料，也有不少是用国产青料，它们的特点是：

国产青料用以渲染描绘，深浅分明，浓淡相同，笔路十分清晰，而且颜色青翠，没有混淆的缺点。进口料颜色虽然浓艳，但极不稳定，很难有色调完全相同的纹饰。由于它的缺点是容易流散且有斑点，所以不宜画人物。中外混合料的颜色介乎二者之间，所绘纹饰比较美观。

至于元代影青瓷器，基本上仍是因袭宋制，但胎体较厚，釉质也不如宋代的精细莹润，纹饰多用划花而且趋于简练。在造型方面则与其他品种没有太大区别，只是以中小型盘、碗、瓶类较多，很少看到有青花、釉里红那样大的器物。

（二）元瓷的纹饰和款识

元代瓷器纹饰有刻花、划花、印花、贴花、绘花、捏雕花等多种多样。刻、划、印花的方法多是继承宋代传统。例如在《文物》1963年第1期发表过的元"太

青白釉刻划云纹瓶
元
高24.4厘米
口径9.3厘米
四川广汉西外乡出土
现藏重庆市博物馆

禧"铭白釉盘和红釉印划花云龙纹盘是印划花，"枢府"铭小碟是印花，红釉小壶是划花，青花加紫开光捏雕花盖罐是捏雕加绘花。其他青花、釉里红瓷器多是使用绘花方法，这可以说是元瓷中的主流。

元青花、釉里红纹饰的特点是层次繁密，其中尤以青花纹饰最为复杂，有的达七八层之多，而每一层各有其独特之点。构图不仅重视宾主协调，还惯用连续的花边，如串枝灵芝、串枝牡丹、缠枝菊、缠枝莲、海水、射干、枣花、蕉叶、鱼鳞、龟背、金钱、斜方、正方、卷草、卷线、锁子、双连回纹以及连卍字等。其主题纹饰更是丰富多彩，除人物画外，在植物方面有松、竹、梅、菊花、芭蕉、石榴、山茶、萱草、水藻、浮萍、莲花、牡丹、月季、葡萄、葫芦、灵芝、蔷薇、海棠、桃花、西瓜、万年青、牵牛花、鸡冠花等。在动物方面有鹤、鸭、龙、凤、孔雀、麒麟、鹭鸶、鸳鸯、山鸡、海马、鲭鱼、白鱼、鲤鱼、鲇鱼、鲫鱼、鳜鱼、蟋蟀、螳螂、异兽等。此外还有所谓八大码（又名变形荷花瓣）、八吉祥、海琛（又名琛宝）等许多图案，可以说蔚为大观。现在就其中比较常见的几种主要纹饰分别述其特征如下：

1. 松、竹、梅

松、竹、梅是我国宋代开始使用的常用纹饰，元瓷上一般都合绘作为主题。例如元青花松竹梅纹炉、元釉里红松竹梅纹玉壶春瓶，都是传世品中的杰作[①]。有时也分别与山石、花卉自成一组，如元青花竹石花卉纹盘。它们的特点是，松针密茂成团，竹叶无反侧面，梅花有开有合，形态都十分逼真，在构图上比较繁密，空间很小。

2．花、叶

多用作边饰或绘在里外腹部，有缠枝、折枝、串枝之分，最大特点是花朵不填满色，留有空白边。这种画法到明清两代虽亦采用，但已不如元瓷普遍。叶形多呈葫芦状，或有一至五个尖瓣。青花、釉里红纹饰中有的还画有简单的叶脉，有的在中间留有空白，有的是先刻划叶脉，然后上色。但大多数填实，而且无论青花、釉里红均未见有反侧的画法，可以说是别具一格。

釉里红松竹梅纹罐
元
高54厘米
口径27厘米
现藏天津博物馆

_____

①参见《故宫藏瓷选集》图40、图41。

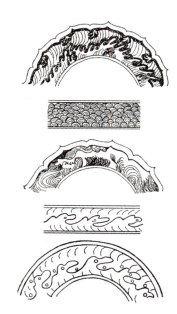

元青花、釉里红瓷器
常用的海水纹饰

3．山石、海水

山石一般也不填满色，留有空白边，只有少数不留空白而用青色渲染，依然有浓有淡，凹凸分明。海水除釉里红所绘者比较简单以外，青花海水纹都十分细致，而且生动，显得波涛汹涌。其特征是，浪花（俗称江牙）很像有头尾的虫子浮于水面，比水纹的笔道粗，颜色重，有的还带有漩涡纹，有的全部作鱼鳞状。浪花多半是一圈向左一圈向右地背道而驰。釉里红海水则比较简单。

4．鱼、藻

鱼纹常用鲤、鲇、鳜、鲫合绘一组，游姿栩栩如生。水藻纹根细叶粗，排列井然有序。明代以后的水草则章法紊乱，除明成化、清光绪时期尚有些器皿用作主题纹饰外，大都只做陪衬了。

青花莲池游鱼纹折沿盘
元
高7.9厘米
口径45厘米
足径25厘米
湖南常德出土
现藏湖南省博物馆

5. 鸳鸯、莲花

莲池鸳鸯的画意清新，构图严谨，是元代青花纹饰的杰作之一。此种纹饰最近在景德镇湘湖、湖田两处窑址中还发现过碎片。其特点是，无论荷花、荷叶、莲蓬都不填满色，鸳鸯、水藻都带有几笔水纹，仿佛水在流动。明代瓷器中仍有仿效，但已不如元代那样逼真。

6. 变形荷花瓣

变形荷花瓣是元瓷中最常用的边饰，多用在器物的肩部、足边和足上部一带，形式多种多样，其中有的在中间加绘琛宝，如双角、银锭、珊瑚、火珠、火焰、花朵、火轮、双钱等。有的以三笔分勾轮廓线，有的只用两笔画成粗细线条，不另填色。这种荷花瓣在一件器物上有绘一至四周的，然而并不作为主题纹饰。明清瓷器也有用此种纹饰的，只是变化不多，式样单调，且多填实（只留极小白线），有的竟与真莲瓣无异了。

7. 人物

元代青花瓷器中画人物的极为少见，更从未见有满器皆画山水者。所见只有元青花萧何月下追韩信纹梅瓶、元青花周亚夫屯军细柳营纹罐等数件而已。其着色方法多用竖笔上下渲染，有的留出空白衣纹，有的则是在浓笔边线内施以淡色。而明代青花人物多是填色或素描。这种技法上的不同，也可以作为划分元、明青花瓷器的旁证。

元青花、釉里红瓷器
常用的变形荷花瓣

青花萧何月下追韩信纹梅瓶
元
高44.1厘米
口径5.5厘米
底径13厘米
1950年江苏江宁沐英墓出土
现藏南京博物院

8．龙、凤、麒麟

这一时期龙纹的主要特征是细颈、疏发、蛇尾，发、角向上，两眼平正，以三爪居多（亦有四爪、五爪者，但五爪很少）。爪刚劲有力。龙鳞画法主要有斜方鳞、素描鳞，以及勾边实填鳞等，实填鳞是逐片分填；还有用青色渲染全身的，这类多为粗器；有的则是用青花或釉里红勾边线，内露白地刻鳞纹。凤纹特征是，鸡头、鹰嘴、鳞身、花尾（分开一至五条），多与麒麟合绘或以双凤、四凤、六凤组成主题。麒麟多鹿头、牛蹄、马尾。也有画作虎头、马头或带鬃狮爪的异兽，神气十足。以上都与明清所画纹饰有显著不同，而且全是青花，很少出现在元釉里红器物上（只见有红地白龙的

蓝釉白龙纹盘
元
高1.1厘米
口径16厘米
底径14厘米
现藏故宫博物院

扁壶一种）。

9．垂云、如意云头纹

元代瓷器善于使用垂云及如意云头纹（俗称如意头），多用二至十六个画在器物的颈部、肩部、腹部或中心。有的组成开光，呈圆形、菱形、海棠形、梅花形、葵花形等多种多样，开光里面绘画或捏雕主题纹饰，多在器物的中心部位，为后世绘瓷方法开辟了一条新路。

10．回纹、卷线纹

多用在瓶、盘、碗、罐的口边、肩部、下腹部、底足外墙或其他边角。各种撇口瓶及把碗的里口边也画有花纹，是元瓷中常见的一种特征。这种画法后世很少仿效，也足以见其工细之一斑了。

以上所举不过是其中比较常见的重要纹饰，此外还

元青花、釉里红瓷器
常用边饰

有不少仍需要我们随时留意、对比，才可以逐步提高鉴别能力。例如根据个人多年实践的结果，所见元青花或釉里红器物，无论大小盘、碗、杯、盏均是里外画花。凡是菱花口（十二瓣），里外各绘二十四折枝花的大盘，均是花口花圈足，一般叫作口底双花器。凡是菱花口盘，里外所绘折技花数目与花瓣口相等者（如为十六瓣口盘，则为十六折枝花），都是一般圆底圈足，而非口底双花。类似这样的特征，都可联系造型甚至胎釉做进一步的分析。

总的看来，元瓷纹饰在图案的处理手法上是相当成熟的。除一般常见的白地青花、釉里红器物外，有的能在同一器物上用白地青花、蓝地白花交织在一起，精美异常。此种画法在明永乐、宣德时期却很少见，而且构图也比以前简练多了。还有红地白花的作品也是后世少有之物。而另一种碗是外青花、内釉里红，如此表里彩绘不同的器物尤为稀有。在元影青瓷器上有的还带有红斑，有的在红斑内刻划纹饰。这些做法在以后很少见

影青釉里红芦雁纹盘
元
高5.5厘米
口径14.3厘米
底径8.7厘米
1980年江西高安窖藏出土
现藏高安市博物馆

到，在断代辨伪时都是有用的参考资料。

元代瓷器带款识的极为少见，除卵白釉盘碗中有印着"枢府"或"太禧"款的以外，一般青花、釉里红器物均无正规年款。多年来只见过纯红釉葵瓣口洗，底上写有"宣和窑至正元年蒋祈仿第一"（有的写"第二"或"第一〇九"）。另有个别供器上也有写年月日及供奉人姓名的，例如前面提到的一对青花龙纹象耳洗口大瓶，高约二尺，颈上有字：

信州路玉山县顺城乡德教里荆塘社奉圣弟子张文进喜舍香炉花瓶一副，祈保合家清吉，子女平安，至正

青花龙纹象耳洗口大瓶
元
高63.6厘米
现藏英国伦敦大学亚非学院中国美术馆

十一年四月良辰谨记，星源祖殿胡净一元帅打供。

这一对青花瓶原是北京东城智化寺的供器，可惜四十年前已被不法奸商盗卖流散到国外了。

此外，个人从未见有带年款的元青花或釉里红瓷器，可是在一些地方窑制品中往往却有带年款的瓶、罐之类。例如：元白釉褐花折枝花纹罐（故宫博物院藏），上写"至正十一年七月二十九日"；元琉璃兽足冲天耳炉（故宫博物院藏），上写"岁次大元国至大元年四月初拾记，汾阳琉璃待诏任瑭成记"；元白釉瓶（上海博物馆藏），上写"大元国至元十九年九月十四日记耳"；元白釉兽面炉（下落不明），口边刻"香花供养"，底刻"至元三十二年三月×日造"。

青花釉里红堆塑亭楼式谷仓
元
高29.5厘米
面阔20.5厘米
进深10厘米
1974年江西景德镇元代凌氏墓出土
现藏江西省博物馆

以上所记，只是元瓷中的几件代表作品，自然还有例外，因个人所知有限，不能一一列举。对于鉴别元瓷来说，主要仍靠造型、胎釉及纹饰的观察，而款识只能作为偶然的旁证。值得注意的是所见的几件带款识的元瓷，在字体上都使用了当时流行的楷书、行书，而没有一件是用以前的篆书、隶书，并且目的只是为了记事，而非用作装饰。这一点和后来明清两代某些官窑瓷器亦使用篆书纪年，甚至以真、草、隶、篆四体书作为装饰文字的做法是有所不同的。（待续）

原载《文物》1965年第11期、1966年第3期

说明：

1. 随着古陶瓷研究的逐步深入，文中谈到的部分当时被定为元代的瓷器，如今已被划归明洪武时期。

2. 正当孙先生加紧整理发表自己的鉴定经验时，恰逢1966年"文化大革命"开始，孙先生也在这一年不幸病逝，享年73岁。所以，我们看到的先生发表的这篇文章的最后两个字是"待续"。这或许是先生一生中最大的憾事。

新
中国
捐献文物精品
全集

论古月轩瓷器

古月轩瓷器是我国瓷器百花苑中的一朵奇葩，是清代瓷器中最为名贵的品种。在我国原有的制瓷工艺的基础上，古月轩瓷器在造型、胎质、釉色和装饰等方面有很多创新和发展，反映出我国清代制瓷业的水平。

古月轩瓷器是一个通俗称呼。这种瓷器正式名称应为瓷胎画珐琅，或称珐琅彩瓷器。"古月轩"这个名词按现在的理解，其质地不限于瓷胎，凡在金胎、铜胎、玻璃胎和瓷胎上画珐琅彩的器物都可称为古月轩。瓷胎画珐琅是古月轩这个群体中的一种，故称古月轩瓷器。古月轩瓷器这个品种的来源是与外来精细工艺品有密切关系的，大致在清代康熙时，从西洋传入一种名贵的宫廷用品，即在金、银、铜等质料做成的器物的胎体上画珐琅彩，如帝王们的文具、雅玩，嫔妃们盛化妆品用的器皿，精巧玲珑，深受当时高层统治者的赏识，遂命造办处①照样仿制。造办处随后制作出了金胎画珐琅、铜胎画珐琅、料胎画珐琅等品种。我国传统工艺品种之一的瓷器，在这时正处于高度发展时期，所以，这种珐琅彩的做

---

①造办处属于内务府，是一个专门为宫廷造办御用品的机关。

法很快就出现在瓷器上面。康熙二十年（1681年）臧应选以工部郎中的名义驻厂督造瓷器。在他的主持下，工匠们辛勤劳动，终于用进口洋料与景德镇的瓷胎相结合，在彩画、装饰、款识等方面都仿照金、银、铜等珐琅彩工艺品，生产出了瓷胎画珐琅这一新品种。它的精巧和美丽在世界工艺品中一直享有很高的声誉。

这种瓷器在故宫旧档案中叫瓷胎画珐琅，乾隆八年（1743年）改称瓷胎洋彩。为什么又叫古月轩瓷器呢？这个问题长久以来是有争论的。相传有以下三种说法：第一，古月轩是乾隆时的轩名，当时有一位画瓷名匠叫金成，字旭映，专做珐琅彩瓷器，他的产品就叫古月轩；第二，古月轩主人是胡姓人，擅做料器，乾隆御制之珐琅彩瓷器就仿自这种料器，故以古月轩名之；第三，古月轩是宫中珍藏此类瓷器的地方，它所藏的瓷器都被称为古月轩瓷器。事实证明这些说法都是没有根据的[1]。一般

———————————

① 关于古月轩名称的考证，比较详细的请参看《陶雅》《饮流斋说瓷》《古月轩瓷考》及《参加伦敦中国艺术国际展览会出品图说》第二册序言。

认为只有一种说法较为可靠，就是在乾隆时期造办处曾制作一种贵重的玻璃小品——鼻烟壶，其外底有涂金楷书"古月轩"款识，器物的造型、彩画、款识与珐琅彩瓷器没有多大的区别，于是后人见到康熙、雍正和乾隆时期的珐琅彩瓷器就称之为古月轩瓷器。其实这种称呼与此种瓷器毫无关系，只是以讹传讹，相沿成习，也就逐渐成为这种瓷器的专有名词了。

古月轩瓷器从出现到现在已经有二百多年的历史，但是长久以来不为一般人所知，因为这是一种御制秘器，只限于宫廷王府享用，从不示人，亦不用来赏人，就是达官贵人也不得享用，普通人更是无法看到，当然就谈不上研究了。古月轩瓷器第一次流出宫外，相传是在咸丰年间，从漪王府中流出一对瓶，但因数量太少，没有引起人们的注意。光绪时期慈禧太后当权，她破例以珐琅彩瓷瓶一对赠给英国维多利亚女王，维多利亚女王很高兴，为此大摆筵席，招待臣子及外宾共同欣赏，这是我国珐琅彩瓷第一次传到欧洲。光绪二十六年（1900年）八国联军入侵北京，占领皇宫，强盗们大肆掠夺内廷珍宝，古月轩瓷器也遭到浩劫，大量流出宫外，很多被盗往外国。辛亥革命以后，清帝退位，但皇族的侈靡生活仍不减当年，可是由于经济来源大大减少，就不得不依靠押卖内廷文物来供其挥霍，例如有一次皇宫在盐业银行抵押一批文物就得白银八十万两。这样古月轩瓷器和其他文物大量出宫，市面上见到的也就日渐多了起来。民国三年（1914年）古物陈列所（故宫博物院的前身）成立，把内廷文物（包括故宫、河北行宫、避暑山庄）搜集起来，在故宫武英殿展出，古月轩瓷器也得以集中展示。人们对它逐渐重视起来，并开始进行研究。最早对古月轩瓷器进行研究和论述的是寂园叟的《陶雅》和许之衡的《饮流斋说瓷》，二书中的一些章节罗列了一部分材料并对一些问题做了推论，但很不系统，互相转抄，根本谈不上科学研究，对古月轩瓷的面貌并没有真正弄清楚。杨啸谷的《古月轩瓷考》一书，是研究古月轩瓷器的专著，主要是根据以上二书提出的问题给予发挥和补充，介绍了一百零三种器物，为我们进一步研究古月轩瓷器提供了一些材料，但显得太凌乱，在研究方法上是孤立的，只是对一些零碎问题进行考证和推测，在实物的介绍上也仅限于材料的罗列，没有进行综合研究，关于它的出现、发展和本身面貌则根本没有交代清楚。由于古月轩瓷器这种精细工艺品对今天陶瓷生产有一定的参考价值，也是艺术史研究中的一项重要内容，所以鉴于以上情况，笔者拟根据几十年来在接触古瓷过程中对古月轩瓷器的了解，对古月轩瓷器做一系统介绍，并向同志们请教。

一、古月轩瓷器的造型

古月轩瓷器的造型目前已知有瓶、壶、盒、碗、盘、盅、碟、文具等。与清代日常使用的陶瓷器的造型基本一致。根据手头资料进行器物对比，现将各种器物形制的特点分别介绍如下：

1. 瓶

古月轩瓷器的瓶类造型很复杂，它的基本特点是形体比较修长，口小，颈细，腹部较鼓，下腹缓收至底，底部或为平底，或置圈足，或上凹成假圈足。根据结构特点可分为以下八型。

Ⅰ型：基本特点是小口，细长颈，斜肩鼓腹，下腹收缩至底，颈、肩、腹界线不清，就像一个胆被悬起来似的，人们通常称之为胆式瓶，这一类型，大致分为三式。

1式：口微侈，圆唇，颈较长，斜肩鼓腹，最大腹径在上腹，下腹缓收至底，底内收上凹成假圈足。

2式：口微侈，但不如1式显著，颈较1式显著缩短，斜肩，肩以下逐渐鼓出，下腹圆鼓，急收成环底，底下置圈足。

3式：直口平唇，颈显著细长，斜肩，肩以下逐渐鼓出，至中腹以下圆鼓，最大腹径在下腹，下腹急收成环底，底下置圈足。

Ⅱ型：就是通常所称的长颈瓶，它的特点是直口平唇，直颈较长，丰肩，肩以下渐鼓，最大腹径在腹中部，腹径大于腹高，中腹以下急收至底，底下置圈足，结构转折圆滑，颈、肩、腹界线不清楚。

Ⅲ型：侈口，卷圆唇，细长颈，颈部的两端比中间粗，肩部较耸，腹部圆鼓，底下置圈足，圈足略外侈，致使圈足与底之间出现一短短的束胫。身体各部分口、颈、肩、腹、底界线清楚。

Ⅳ型：直口平唇，长颈，肩部较高，腹部修长微鼓，缓收至底，底下置圈足，圈足略外奓。在颈部的上端两侧对称置一对圆筒状耳，人们常称此瓶曰长颈贯耳瓶。

Ⅴ型：口外奓，短细颈，肩下斜，下腹圆鼓，圈

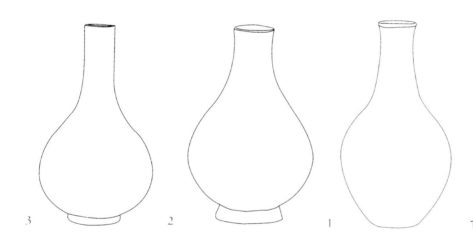

3　　　　　　2　　　　　　1　　　　古月轩瓷器Ⅰ型瓶

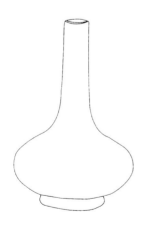

古月轩瓷器Ⅱ型瓶

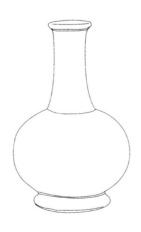

古月轩瓷器Ⅲ型瓶

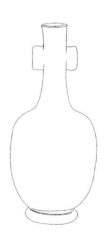

古月轩瓷器Ⅳ型瓶

足。此种形制通称曰玉壶春瓶。

Ⅵ型：奓口圆唇，颈较短而粗，丰肩，上腹微鼓，下腹缓缓收缩形成平底，底下置圈足，整个形制上部丰满，下腹瘦长，这种造型各部分比例协调。通称曰观音瓶。

Ⅶ型：此型瓶结构上和Ⅰ型3式瓶基本相似，不同的只是它的头部是由颈的上部外撇到一定程度向上圆收，好像一个蒜头一样，再在头上做一直口，通常称蒜头瓶。在头部又有两种做法，有的做成独头蒜似的圆头状，有的做成多瓣的样式。

Ⅷ型：通常称的梅瓶，按其形制特点可分为二式。

1式：小口微奓，圆唇细颈，丰肩，上腹鼓出，下腹瘦长，平底圈足，最大腹径在肩部。

2式：小口略外奓，平唇，短细颈，丰肩，但和1式比较起来肩略为瘦削一点，鼓腹缓收至底，底部向上凹入形成假圈足，最大腹径在中上腹。

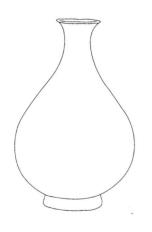
古月轩瓷器Ⅴ型瓶

古月轩瓷器Ⅵ型瓶

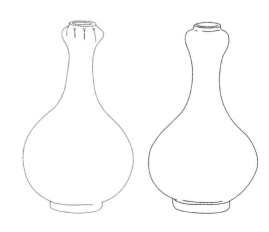
古月轩瓷器Ⅶ型瓶

从以上介绍可以看出，古月轩瓷器的瓶类形式是很丰富的。乾隆时期古月轩瓶类器最多，雍正时次之，康熙时最少。

2. 罐

古月轩瓷器形制中罐类很少，到目前为止，只见到乾隆时期出现一种双连罐，身体分明显的两半，从结构上分析，它的身体就是两个Ⅵ型瓶（观音瓶）粘在一起，上面加一个盖。

3. 碗

碗在古月轩瓷器中数量最多，在形制上差别不大，经过仔细对比可以分为七型。

Ⅰ型：形制较小，口部微敛，圆唇，由口往下收缩

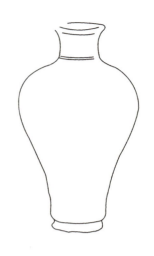
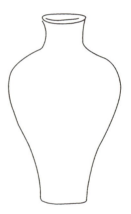

古月轩瓷器Ⅷ型瓶

珐琅彩缠枝莲纹双连罐
清乾隆
高17.5厘米
口径4.8～6.8厘米
足径5.1～7.5厘米
现藏故官博物院

成底，器壁曲线弧度不大，底小，底下置圈足。

Ⅱ型：形制稍大稍深，口部略微有一点外撇，但不显著，由口到底，器壁曲线弧度比Ⅰ型大，下置圈足，圈足下部微撇。

Ⅲ型：口外侈，由口往下成斜线内收，到上腹中部才成弧线内收成平底，底下置圈足，由口到底，器壁弧度较为曲折。

Ⅳ型：较深，侈口，口沿以下立即成弧线下收至底，底下置圈足，比Ⅲ型来说口侈较厉害，器壁曲线弧度也稍大一些。

Ⅴ型：这是一种浅碗，侈口圆唇，口沿略微外折，下腹至底收得较小，下置圈足。此碗的口和底相差较以上几种类型大。

Ⅵ型：侈口圆唇，腹大而浅，圈足较高。

Ⅶ型：侈口，口沿略外折，圆尖唇，腹浅而曲，平底，圈足，足口也是内收的。

以上各型在雍正时期Ⅰ型居多，康熙时期Ⅱ、Ⅵ型居多，Ⅲ、Ⅳ型康熙、雍正两代均有，Ⅴ型康熙、雍正、乾隆三代均有，Ⅶ型则康熙时期独多。

4. 盘、碟

古月轩瓷器中盘、碟在形制上是一样的，只是大小不同而已，故在此一起介绍，按其特征可分为二型。

Ⅰ型：敛口、圆唇、腹浅而曲，平底，圈足，足口内收。

Ⅱ型：敞口，口沿略外折，圆尖唇，腹浅而曲，平底，圈足，足口也是内收的。和Ⅶ型碗一样，只是很浅而已。

盘、碟仍然是雍正、乾隆时期居多。

5. 杯

按其特点可分为四型。

Ⅰ型：直口圆唇，由口往下斜收成环底，底心内凹成假圈足，整个形状看起来上大下小。

Ⅱ型：直口平唇，圆筒腹，下腹缓收成小平底，底下置圈足。

古月轩瓷碗形制

古月轩瓷盘、碟形制

Ⅲ型：显著的特点是深腹，奓口圆唇，口沿以下腹壁略斜收，中下腹以下变成略为外鼓之弧线，缓收成平底，下置圈足。

Ⅳ型：高足杯。奓口，圆尖唇，腹壁成曲线缓收至底形成环底，底下置一高足，足的中上部成一竹节状外突，以下逐渐放大成一喇叭状。

以上几型从时代上看，Ⅰ、Ⅱ型多在雍正时期，Ⅲ、Ⅳ型多在乾隆时期。

6．壶

通常所见的壶形制都比较小，结构大体一致，现在按其特征分为二型。

Ⅰ型：直口平唇，短直颈，丰肩，腹微鼓，下腹环收，使整体成一圆环状，下置矮圈足，在上腹中部一端置一曲而上翘之流嘴，与之相对置一提手，口上部安一圆顶盖，整个身体腹径与腹高大致相等。

Ⅱ型：与Ⅰ型比明显的特点是身子短矮，腹径大于通高，圈足很浅，流较直，提把较高，流安在肩部，这型壶往往比较小。

在时代上，Ⅰ型雍正、乾隆时均有，Ⅱ型雍正时居多。

7．盒

我们所见到的盒的样式很少，从手头边的材料来看只有一种方盒，分成盖和身子两部分，盖顶构成一四边形平面，与平面四边相接的是四个梯形的斜面，构成盖，腹壁是四个矩形平面，首尾成直角相接，底部和盖结构一致，只是口沿与盖成子母口相接，底面安一外翻之圈足。器物虽小结构颇为复杂。

这类盒在乾隆时较多见。

古月轩瓷杯形制

古月轩瓷盒形制

古月轩瓷壶形制

从以上器物的对比介绍中，我们可以把古月轩瓷器在造型上最明显的特点归纳如下：第一，造型精巧玲珑，每件器物的每一个部分都很讲究，可谓精雕细刻，一丝不苟。第二，把所有器型集中来看，圆形器物多，方形器物少，即"圆器多，琢器少"，线条圆滑流畅，造型风格既挺拔又饱满，既轻巧又稳定。第三，古月轩瓷器少见大件器物，超过一尺以上的大型器物很少，这是古月轩瓷器造型的一个明显风格。第四，古月轩瓷器与同类器物之间制作的结构上似乎相近而又确实具有很不相同的风格，如果不仔细观察和比较，这些差异是很容易被忽视的。这可以说明古月轩瓷器的造型技艺虽已达相当成熟的境地，但工艺匠师们对于工艺造型仍然在进行不断的探索，很注意吸收传统造型的优秀特征创造出新的形式，以满足人们对于这类物品的精益求精的心理要求。

二、古月轩瓷器的胎质与釉色

古月轩瓷器的胎质，其原料就是瓷土，它是在景德镇定做的，要求极为严格，选择最好的瓷土，经过多次精心的淘洗、提炼和搓揉，才开始做胎，以保证不出窑裂、窑缝等毛病。制成胎后经晾干，然后入窑在一千三百摄氏度左右的高温下烧成。所以古月轩瓷器的胎质洁白、细腻、坚致。

釉色（指地釉）与清代其他瓷种基本一样，有白、

黄、蓝、紫、红、绿、粉等颜色，而以上颜色又不是单
纯的，如黄有淡黄、鸡油黄等；绿有葵绿、葱绿、豆瓣
绿等；红有洋红、胭脂水红、粉红等；紫有胭脂紫、扁
豆紫等。在施釉的方法上，一般采用吹釉，部分用蘸
釉，有内外满施者，也有内作白地，外作色地的。只是
在康熙时流行这样一种做法，即在制胎时器物内壁、口
外沿、圈足等处施白釉，器外壁不上釉，烧成后这部分
露胎叫涩胎，而上色作画则在这个范围内进行，康熙以
后这种做法便没有了。古月轩瓷器的釉质细腻，没有一
点杂质，经高温烧成后莹润光洁，娇艳欲滴。

紫地珐琅彩花卉纹瓶
清康熙
高12.3厘米
口径4.5厘米
足径5.4厘米
现藏故宫博物院

三、古月轩瓷器的装饰

古月轩瓷器在装饰上用的彩就是所谓的珐琅彩，即料彩，是从外国进口来的，其构成是各种金属矿物质，经过化学提炼与配制而成，未施在瓷器上面以前即为有色粉末，这种粉末色调清新，鲜艳而稳定，红则红，绿则绿，烧后只是光泽更好而已，其他没有什么差别。这种料彩用樟脑油调成液体以后即可按照画稿直接施在器壁上，图画的色彩当即可以显示出来，就像今天的油画一样。故凡是具有绘画才能的人都能运用此种色料在瓷器上作画，这与我国传统的画瓷原料是不一样的。我国传统的画料也是矿物质，但没有经过化学提炼的过程，色彩多是用时搭配的，而且烧前与烧后颜色差异极大，不经过烘烧很难肯定为一种固定的颜色。所以我国传统的料彩配制较复杂，而珐琅彩却显得简单。

古月轩瓷器上的装饰画是很丰富的，归纳起来有花鸟画、山水画、人物画、图案画等。这些图画生机盎然，大都取材于现实生活中的风土人情和自然景色。有的是单一图画，有的在一件器物上既有图画又配有题句和印章，这样把图画、诗句、印章三者结合起来，构成一幅完整的图画。而且，古月轩瓷器的装饰以后者为多。在器物上只作画不题诗和盖章的如康熙时代的一个碗，它的外壁用开光的手法把器壁分成四个单位，各单位之间点缀蕉叶或其他杂花，在各锦地开光的单位里以绿彩作地，绘上一年中各个季节里最美丽的花，即玉兰、海棠、牡丹、梅花，一个光圈一种，这样把一个碗装饰得极为华贵。把图画、题句、印章三者结合起来的如故宫博物院历代艺术馆展出的一只雍正时代的碗，纯白地釉，在地釉上画设色梅花，梅花枝干苍劲，在积雪的天地里，怒放枝头。题句曰："芳蕊经时雪里开"。印章引首为"先春"，朱文长方胭脂水印；句后一方为"寿古"，朱文长方胭脂水印；另一方为"香清"，也是胭脂水印章。古月轩瓷器这类花鸟画的装饰内容是极为丰富的，就手边的材料统计，花类就有菊花、牡丹、大丽花、缠枝莲、宝相花、芙蓉花、荷花、兰花、桂花、月季花、海棠花、玫瑰花、梅花、牵牛花、榴花、萱草、枫叶、桃花等等。有单独绘花卉的，有花鸟竹石相配的，如牡丹锦鸡、红杏紫燕、蝙蝠仙桃、枫叶鹳鸲、梧桐凤凰、萱草蝴蝶、榴花黄鹂、芙蓉鸳鸯、玉兰孔雀、梅花、竹石、竹石小鸟、岁寒三友（松、竹、梅）。题句有"妆凝朝日丽，香逐晚风多"（荷花），"蜡珠攒作蒂，缃彩剪成丛"（榴花萱草），"嫩蕊包金粉，重葩结绣云"（牡丹锦鸡），"睡轻旋觉松

珐琅彩雉鸡牡丹纹碗
清雍正
高6.6厘米
口径14.5厘米
足径6厘米
现藏故宫博物院

花落，舞罢闲听涧水流""葱翠知何似，朝阳见凤毛"（翠竹白鹤绶带鸟），"玉剪穿花过，霓裳带月归"（红杏紫燕），"秀拥三秋干，奇分五色葩""分黄俱笑日，含翠共摇风""露浥黄花得念香""露香秋色深浅中""细枝清玉涧，繁蕊碎金香"（菊花），"芳蕊经时雪里开""淡妆疏影两依依"（梅花），"永奠金瓯开寿域，升平同乐万年春"（嘉禾鹌鹑锦鸡），"色连鸡树远，影落凤池深"（竹石），"青青自带山中色，蔼蔼长含洞里香"（仙桃祥云蝙蝠），"妆面回青镜，歌尘起画梁""月幌见疏影，墨池开暗香""非烟非露一林碧，似雨似晴三径凉""轻盈照溪水，掩敛下瑶台"（梅竹），"影转团团月，香含细细风"（牡丹辛夷），"云深瑶岛开仙径，春暖芝兰花自香"（兰

珐琅彩花卉纹瓶
清乾隆
高20.4厘米
口径4.8厘米
足径4.3厘米
现藏故宫博物院

花），"翠蕊间长夏，佳音报好秋"（菊花蟋蟀），"素萼枝枝封蜜蜡，明珠颗颗进珊瑚""迎风似逐歌声起"（蜡梅天竹），"映水却疑乘浪暖，缘崖故是倚云栽"（绣球桃花），"鲜鲜丛叶茂，灿灿瑞英芳"（桃花），"宿雨那经舞袖垂"（芙蓉草石），"新枝含浅绿，晓萼散轻红"（榴花黄鹂），"鹊鸣传喜气，鹦语报秋光"（枫叶鹦鹆），鹦"风天吟彩凤，晴日鹦翔鸾"（竹石野菊小鸟），"朝朝笼丽月，岁岁占长春"（月季野菊蜂蝶），"动摇金翠尾，飞舞玉池阴"（辛夷孔雀），"盛世凤凰应纪历，羽仪四佐协纲常"（竹石牡丹梧桐凤凰），"枝生无限月，花满自然秋"（金桂芙蓉），"百转千声随意好，琪好瑶草逐时新"（牵牛花幽兰黄鹂），"几度送风临玉户，逐时传喜上瑶墀""拂羽琼花翠，穿林宝树垂"（梅竹喜鹊），"数枝荣艳足，长占四时春"（月季水仙），"晓丛色湛仙人露，画槛香传少女风"（玫瑰苔石蛱蝶），"一丛婵娟色，四面清冷风"（修竹），"数竿风叶影，低映小花红"（玫瑰修竹），"岁岁彩筵雕几上，欢开百胜报双鹌"（玫瑰菊花鹌鹑），"斜依风苇丛丛袅，远风烟波渺渺平"（芦雁），"丹宝瑶光接，仙根玉露深"（石榴香橼）。

在题句的头部和尾部大都安排有印章，往往是头部一方（叫引首），尾部两方（叫句后），也有不安排印章的，也有只有引首而无句后的。印文有白文和朱文两种，一般是引首朱文，句后一方朱文、一方白文，其颜色多用胭脂水色或抹红色。印文的内容有"三秀""四时""长春""佳丽""先春""碧霞""金成""旭映""高致""秋冰""寿古""香清""翠越""凤采""彬然""仁化""君子""长岁""翠铺""霞映""香和""清景""春和"等。这些题句、印章往往安排在画面的空虚地方，使整个画面充实饱满，力量均衡，把画意表现得更加完美，主题烘托得更加明朗。但是也有题句和印章的内容和图画的主题并不相符，文字本身显得贫弱而肤浅的。

山水画比起花鸟画来说在数量上要少得多，有的画在瓶上，有的画在盘心。画在盘心的如雍正时期的一

珐琅彩松竹梅纹瓶
清雍正
高16.9厘米
口径3.9厘米
足径4.8厘米
现藏故宫博物院

个盘，外壁地釉是红的，内壁地釉是白的，在此圆面上展开山水画，一角作为整个绘画的重心，安排浅淡朦胧的远山，深色清晰的近山，依山傍水是瑶台式的楼阁，松树挺立于清晨的薄雾之中，明镜似的水面无边无际，辽阔的天空里烟云缥缈。气氛宁静、肃穆，整个画面开阔深远，一点没受到盘子这个小面积的限制。在远山和浮云之间，天空开阔，安排有印章和题句，题句曰："树接南山近，烟含北渚遥。"印章引首为"寿古"，句后为"山高""水长"。这种山水楼阁画在用彩上有墨彩、蓝彩、胭脂红彩，有单纯一种色彩的，也有多种色彩组成的，一年四季不同景色均有表现。题句上据统计还有"云霞交瑞色，草树喜春容""一江绿水浮岚影，两岸青山夹翠涛""仙楼绮阁环瀛汉""野含时雨润，山杂夏云多""山情因月甚，诗语入秋高""溪上红泉分径路，山中香雨有神仙""连村多绿树，长日啭黄鹂""晚峰晴露巅""吴天枫叶落，元山舞霏霏。独有江湖客，飘然风雪矶。披蓑不知吟，把钓欲忘归。

珐琅彩山水碗
清雍正
高5.2厘米
口径10.9厘米
足径3.9厘米
现藏故宫博物院

新
中国
捐献文物精品
全集

珐琅彩景州塔纹瓶
清乾隆
高26厘米
口径12.1厘米
足径12.1厘米
现藏故宫博物院

仿佛富春畔，伊人是也非"。印章的颜色和前面是一样的，印文有"寿古""寿如""山高""水长""仁化""乐善堂""保合太和""万邦咸宁"。

人物画在珐琅彩瓷器的装饰中比较少，就所见材料统计约占所有图画样式总和的四十分之一。有西洋人物画；也有中国民间喜闻乐见的故事画，如春闺课子；还有佛教人物的故事画，如十八罗汉。西洋人物画是很新颖的，在乾隆时代的一个双连罐上，地釉白色，在盖上用胭脂紫色绘忍冬、勾莲等纹组成的图案。在盖口和罐的口部有直线连续组成的回纹、工字纹等几何图案。罐的腹部正中最突出的部分，有用忍冬、勾莲圈起来的锦地开光，开光内展现出一幅图画，在绿树繁茂的草地上，坐着四个大人两个小孩，旁有一条狗，男人手执狩猎的武器，女人们袒胸露臂，表现的是在狩猎的间隙人们闲散地坐在草地上。一个人手拿一个果子逗一个小孩，小孩急切地伸出双手去接，小孩成为大家注视的中心，而坐在大人背后的另一个小孩，手拿一张弓，侧头向远方眺望。人群中的那条狗嘴微张开，也朝小孩看的方向望去，好像发现猎物似的跃跃欲动。这幅画色彩鲜艳明朗，富于西方生活气息，人物丰满的肌肉和衣纹折叠的阴阳层次刻画得很逼真，富于现代油画特色。可

珐琅彩八仙图八方瓶
清乾隆
高43.8厘米
口径13.6厘米
足径16.1厘米
现藏上海博物馆

惜这种古月轩瓷器的实物我们已经很难看到了，只能看到它的仿品。这件仿品仿得很好，它刊载在《世界陶瓷全集》清代篇中。以中国民间喜闻乐见的人物故事为题材的，有画瓶上的，在瓶弧度最大的腹部，洋红地釉上面用勾莲围成的开光的范围里，祥云缭绕，在空旷的天空里，十八个得道的罗汉，亮宝作法，各显神通。春闺课子等人物画则是作在一个盘的中心，在一个闲静的小家庭里，一位母亲在教育自己的儿子读书，人物工致秀美。其他的人物故事还有杨贵妃出浴图等。

图案画多是吸收自然界各种优美的形象，使其变形换色，富有装饰趣味，常见的图案有工字纹、折带纹、涡齿纹、水波纹等。或用直线组成锦地，或用二方连续等方法组成一个装饰周区。图案画有用料彩画上的，也有用针刺出来的，一般不单独做装饰，往往配以其他图画，如有的在锦地上加宝相花、西番莲、菊花等，即所谓镂金错彩，锦上添花。图案画很讲究疏密对比关系，在繁缛之中饶有清空之处，这样装饰效果同样很好，一件古月轩瓷器被打扮得华腴富丽。应引起注意的是，在绘人物画和图案画的古月轩瓷器上，很少看到题句和印章。

从以上介绍的古月轩瓷器的装饰画之品种可以看出，这些图画的水平高超，那么画工是谁呢？这个问题很早就为研究古月轩瓷器的人所重视，说法不一。这里也谈一下自己的看法。古月轩瓷器是在江西景德镇烧胎，精选后送往北京，由供奉如意馆的画师绘画上彩，

米色地珐琅彩洋花瓶
清乾隆
高20.5厘米
口径4.9厘米
足径5.6厘米
现藏故宫博物院

然后在宫内设炉烘花，这就是说古月轩瓷器上的装饰画是出于宫廷画院御用画师之手。从古月轩瓷器所有的装饰画来分析，最明显的有两个系统，一是中国传统的国画手法，如山水、花鸟、人物故事等，中国画的笔墨韵味使我们感到很熟悉、亲切，这是中国画师们的作品。二是西洋画法，如前面所介绍的狩猎林间休息图，使我们感到很新颖，在这一部分人物、山水、花鸟画中光线投射的阴阳感很强，用色上明暗很清楚，很明显用了透视法、投影法。尤其在人物画上，细微到毫发毕现，肌肉丰满，视觉逼真。特别是在人物神采上，比第一系统更为生动，在图画的内容上所出现的西洋妇女袒胸露臂的生活风尚，是中国古代画师们所不可能表现的，很明显这一系统是属于西洋绘画系统，这恐怕是出于西洋画师之手。当时清代宫廷画院中就有外国画家如郎世宁、艾启蒙、王致诚、潘廷璋、安德义等。其中值得提出的是意大利人郎世宁，他在画古月轩装饰上是起过一定作用的，很多古月轩瓷器是出于他的手笔。他是意大利的画家和建筑家，在康熙五十四年（1715年）来中国传教，到了北京后被召入内廷为画院供奉，取名郎世宁。他曾参加过圆明园的增修工作。他刚来时用西洋画法作

珐琅彩竹菊鹌鹑瓶
清乾隆
高19.5厘米
口径5.55厘米
足径6.2厘米
现藏上海博物馆

画，不为清帝所欣赏，后来学习中国画法，但实际上仍然以西洋绘画的技巧来作画，在古月轩瓷器的装饰画中我们是可以看得出来的。

四、康熙、雍正、乾隆各朝古月轩瓷器的特点

古月轩瓷器从出现到衰落共计一百三十多年的历史，经历了康熙、雍正、乾隆三个时期，其时代特点和差异是很清楚的，现在归纳为以下几点：

（一）上彩方面。康熙时是器物内壁、外壁口沿和底足边沿施釉，器外壁是不上地釉的，经高温烧成后器外壁就成为涩胎，作画和上彩就在涩胎上进行，作好画的轮廓线以后，或是先填图画彩，后喷地釉，或者先作地釉，把花纹的轮廓线留下来然后填彩，这样康熙时的彩色直接施在胎上，花纹的彩色和地釉是相接而不是相重，致使康熙时花纹总是力求对称，画面受到限制，很拘谨，不活泼。这可能是刚学习西洋传入的金胎、铜胎等珐琅器的做法，而雍正、乾隆时期采用我国瓷器的传统工艺色彩画在釉上面，不受限制，图案生动活泼。

康熙古月轩瓷器显得粗糙，最明显的表现是料彩上得很厚。这是因为上在涩胎上面，经过火烧以后多有气泡，光泽不好。另外，在填彩敷色上也不够真实。如故宫博物院历代艺术馆展出的一个碗上绘一朵盛开的牡丹，此牡丹花瓣是红色，而花心用绿色，这显然失真。雍正、乾隆时期则相反，地釉纯为白釉，在它上面填彩

黄地珐琅彩花卉纹碗
清康熙
高7.6厘米
口径15.6厘米
现藏中国国家博物馆

很薄，烧出来光亮莹润，效果很好。

（二）纹饰方面。康熙珐琅彩的装饰画都是花卉画和图案画，花卉画中没有虫鸟动物，也没有过枝花（即花的枝头由外壁翻到内壁或由内壁翻到外壁），也没有人物画和山水画，所有画面都没有题句和印章。而雍正、乾隆时期则大部分都有题句和印章，有人物画、山水画，花卉中有过枝花也有鸟虫异兽。总之，花色品种繁多。

（三）造型方面。康熙时期器物品种很少，碗的数量较多，而杯、瓶少见。雍正时期造型则有很明显的增加，器物品种常见的有碗、杯、盘、瓶、壶等。乾隆时期则更为丰富，康熙、雍正时期有的器型全有，还增添了很多新的器形，如双联罐、双螭尊、贯耳瓶、梅瓶、印盒等。

（四）胎质方面。原料的选择上三个时期都差不多，只是在做成器物时，雍正朝的胎特别薄，部分器物的胎质几乎薄到半脱胎的程度，而且通体均匀一致，但康熙和乾隆时期，尤其是乾隆时期则不同，其胎体厚薄

珐琅彩龙凤纹双联罐
清乾隆
高14.1厘米
口径3.4～6.8厘米
足径4.5～7.4厘米
现藏上海博物馆

的处理是根据器物的需要来定的，大一些的器物则厚一些，器物底部和转折的地方要厚一些，在颈部、腹部等突出的部分则要薄一些，显得厚薄适宜，同时也更具实用性。古月轩瓷胎在乾隆晚期便开始显得草率。

（五）款识方面。康熙、雍正、乾隆三个时期的古月轩瓷器都有款识，在款识的颜色上以蓝料为多，其次也还有墨、胭脂紫、抹红、洋红和青花书写款，除墨款和青花款外，其字文均凸起，故称之为堆料款。康熙时期的堆料款，皆为楷书"康熙御制"四字，一般字外用双重边线框起来，双线外宽内窄，也有用双圆圈围起来的，另外还有先刻划"康熙御制"，然后又在笔画上填蓝料彩的。就字体的解剖来看，"康"字末画的收笔有用点的，有用捺的，"熙"字的四点有用斜点的，有用直点的，也有第一点左向，二、三点垂直，末点右向的。"御"字有用十二或十一或十画写成的。"製"字下部的"衣"字二、三笔有用一笔写成的，也有用二笔写成的，横笔长短不一。雍正时期的款识以仿宋体"雍正年制"外加双方框的方款为主，此外，还有青花"大清雍正年制"六字款和"雍正御制"四字款，都围以双圆圈或双方框。乾隆时期的款识，一部分仍然沿用仿宋体，另外增加有大篆体"乾隆年制"，也有小篆体"大

康熙紫地珐琅彩花卉纹瓶底款

雍正珐琅彩雉鸡牡丹纹碗底款

乾隆珐琅彩缠枝莲纹双联罐底款

乾隆米色地珐琅彩洋花瓶底款

清乾隆年制"款，此种款一般为无边线之图章式方款。据说还有青花楷书款，但未看到实物。在款识的制作上有刻字和书写两种。以上各代款识的差别是很微小的，但是只要仔细对比，仍能找出各自的特点。

五、古月轩瓷器在社会生活中的地位及其衰落

古月轩瓷器是一种具有高度艺术价值的工艺品。一方面由于它是在清廷直接控制下，选用最好的原料，集中最优秀的工匠和画师，选择最好的样品来进行生产，根本不考虑成本问题，因而才能取得高度艺术成就，将我国原有的瓷器生产提高到一个新的水平。另一方面由于它是一种只限于宫廷、王府玩赏的御用秘器，外人难得一见，这样就完全封锁了它的产品市场，由于最高统治者的垄断，就是作为艺术品也完全不能和人民哪怕是官府一般官僚贵族见面，因而它在社会上的实用价值也就被扼杀了。所以它与社会生活是完全脱离的。任何工艺品、艺术品只有投入人民群众的生活领域，与社会生活需求联系起来，它的生命力才能愈强，反之则没有前途，必将被生活所淘汰。古月轩瓷器和清代其他官营的高级瓷器品种正是这样趋于衰落的。古月轩瓷器的出现和繁荣正处在清王朝政治、经济上升的时期——康熙、雍正、乾隆时期，朝廷有能力来支持它的生产，所以不但品种多，而且质量精良，到了乾隆末期，清王朝开始走向衰落，整个官窑瓷器生产质量迅速下降，这在古月

轩瓷器的生产方面反映得更加明显。乾隆以后，这种瓷器便像一朵失去土壤的鲜花一样凋落了。我们从古月轩瓷器的出现、繁盛和衰弱的历史进程中，也可看出封建制度下官府手工业生产的狭隘性和落后性。

六、古月轩瓷器的辨伪

古月轩瓷器仿品是自清代末年至民国初年开始出现的。随着内廷中的古月轩瓷器不断流出，以及1914年古物陈列所成立以后，古月轩瓷器较多地公开展示，人们见到的机会逐渐增多，它所具有的高度艺术性立即引起人们的重视，受到很高评价。但因得之不易，偶尔得之，价钱也极其昂贵，于是古玩商和仿古家们就合作起来进行仿造，以假充真。这就对古月轩瓷器的了解和研究造成困难，因为只有分辨真伪，才能了解其真实面目，而要分辨真伪，首先必须了解其仿制的全部工艺过程。仿制过程不外乎两种情况，一是旧胎加新彩；二是新胎新彩。旧胎加新彩的制作过程大致是这样的：选用康熙、雍正或乾隆时期的优质素白胎，先用水煮，去其污质，然后放在炉火上烧头火，看其是否出毛病，在不出任何毛病的情况下，再照选好的样本绘图上彩，晾干以后，放入炉中烘烧。对火候的控制是要看炉火颜色，如果达到白热化时，温度就够了（大约在六百摄氏度左右），随即退火，在炉中冷却五六小时，然后取出来，再做一些去火光等作旧处理，这样就完成了一件仿品的全部制作过程。由于所用料彩和旧珐琅彩没有多大的区别，即用的也是进口料，这就给鉴定造成很大困难。但是，由于这种旧胎是清宫中流散出来的，是以前宫里做珐琅彩或其他彩瓷剩下的素胎，数量也很有限，得来不易，因此，这种旧胎挂新彩的珐琅彩瓷并不多见。于是，仿古家们就索性照样本，从胎质到彩色全部仿作，这种仿品是在景德镇做出来的，北京一般不做，只是偶尔配制一些附件，如器盖等。就本人所知，北京就有几大瓷庄，如德泰瓷庄（长住景德镇）、忆盛瓷庄等；天津则有仲盛公等瓷庄。它们雇用了一批画瓷名手用进口料照样本制作。古月轩瓷器的仿制一般都仿有所宗，其样本或为实物真品，或为照片，很少杜撰。在我们了解了仿品的制作过程以后，再来分辨其真假，就比较有把握了。鉴定时大致可以从以下几方面来着手：

（一）观察造型。完全新作的（新胎新彩）仿品在造型上是很容易分辨的，只要仔细比较，就可以看出仿品在造型上之似是而非。古代工艺品是手工操作或半手工操作的，每个时代都有其特定风格，仿品与真品在时代上相隔较远，要做到形制完全吻合，特别在神态上完全一样是很难的。只要抓住了造型的特点，其他就比较容易分辨了。

（二）观察釉色。这往往针对旧胎加新彩的仿品。因为新配色彩要达到和旧品上的完全一样，也是极难的。如故宫博物院藏的一件雍正珐琅彩盘，即是一件

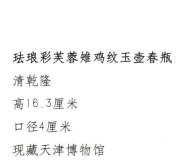

珐琅彩芙蓉雉鸡纹玉壶春瓶

清乾隆

高16.3厘米

口径4厘米

现藏天津博物馆

旧胎加新彩作品，它出自于著名的仿古家之手，用的是旧胎，所以从胎质和造型上无法分辨真伪。由于绘画技术高明，花纹也仿得逼真，所以从图案画法上也很难区分。其破绽就在地釉的配色上。真品的黄釉莹润而浅淡，光彩如羊脂般柔和；而仿品的黄色地釉比较深，显得鲜艳，光泽较强。当然一般仿品往往要经过去光处理，如用酸类物质摩擦，使其不致有新烧的火光出现，但这也容易分辨，因为处理过的釉面光泽往往不自然，不莹润，不柔和，而是暗淡、发木光。

（三）观察图案花纹。古月轩瓷器的图案花纹都是有真品作为根据的，仿古家们很注意花纹的相同，往往用临摹的方法一笔不苟地来摹绘，所以乍看起来在图案内容上和旧的花纹一样，即使是一草一虫也没有什么不同，正因为如此，根据这一特点再进行仔细的观察就会发现，新彩的花纹在作画用笔的气韵上不流畅，不自然，比较拘谨，失去画家应有的气质和活力，如《世界陶瓷全集》清代篇图80的一只乾隆时期的古月轩壶，绘以梅花、水仙，这是一件旧器加新彩的仿品。它的制作经过是这样的，当时一位叫王栋庭的人从一位姓梁的人手中买得此茶壶的旧胎，胎是真的，花纹图案是从一家叫大吉祥古玩铺里的一只古月轩的破碗上临摹下来的，临摹得很像，两图相比看不出不同来，在图版上更难分辨真假。但是，如果把两件东西置于放大镜下来观察，就会清楚看到，后者作画时运笔不流畅，不自然，失去画家的气质和活力。敷彩方面也因同样原因而显得堆厚或松散。

（四）题句、印章、款识。古月轩瓷器的仿品最初不题字，后来逐渐把题句、印章、款识都做上去了，仿古者首先是一笔一画地解剖原来文字的结构，待完全掌握它的特点，然后再临写，所以，一般来说真假也难分辨。但是，仿品有一个根本的破绽就是作者生怕失真，不敢乱写，不敢快写，笔道很规矩，正是这样过分求真而露出了马脚，因为这样做的结果必然使得字写得拘谨、死板，运笔踌躇，不能一气贯通，失去书家的气魄和笔墨韵味。在真古月轩瓷器上写字的人，一般来说都是在书法上有一定修养，不可能受到束缚，更不可能拘谨，必然生动活泼，甚至有些潦草。所以只要细心观察、对比，题句、印章、款识也是一个探寻的线索。

这样我们以真品为根据，把握它的制作过程，从造型、釉色、纹饰、题句、印章、款识等几个方面进行全面详察，分辨真伪也就并不困难了。

珐琅彩牡丹图小瓶
清乾隆
高7.8厘米
口径1.2厘米
足径2.1厘米
现藏故宫博物院

孙瀛洲手迹

商代白匋

此种白匋胎色白中两灰质围到制成

指甲剃掉棱线　文饰种类很多

有剃道纹饰　有剃削凸文饰

刻漆作废相同　文饰像胎子未干前刻

刻刻成的工成入大烧制，火度约的七八百度

白匋未先印纹花样　未经过刀剃刻

的地方另有一种自共度光上度有微小裙纹样

声音有二种有响声也也有哑声的

这是火度上关系

宣德

霁红开咏

棠雨西后霁霞红　为灼还加微炙工

世上珠翠非所拟　西方宝石致难同

抹花衣袂花羞色　比画皇佑画意宝

数典宣窑斯最古　谁知皇佑画无棠

宣经帽呼　宣室年中冶　太和斋祖藏

抚摩数摩李泽　吟咏恐仿润莲珠砂釉

或宣沉灌浆　水霄僧帽式　真知空唯帝

天字罐

天字苦框罐龙官

康雍乾仿勇机巧

字浮青澈青白乾

字沉云曚灰黄边

海外中国陶瓷辨伪记

古轩亮四题字有上下章的亦有上止为下亦有
无题字的 康熙珐琅三彩皆无题字料亮兴御制体
雍正珐琅四季款有四季料款有六字楷款亮逸
乾隆佳器 光素 仁化 高致 凤来 寿如 寿考 春和
三秀 郁恩 寿古 香和 春和
另有铜胎珐琅三彩 还有亮地料及不透料地珐三彩
料胎多为剥款

下卸山高水若 四时者春 碧雾澄秋冰 寿古香清
翠趣者春 旭映连珠 寿古四香清 寿考香逸
翠铺血霞映 君子连珠 彬兰君子 金威旭映
香清君子 霞映连珠 水若连珠 长安
乐善堂 保合太和 寿邦咸宁法高寿远
惟精惟一 郑迪恒仿作虽待 芳蕊经时曹里开
枝生为限月 花满自岁秋
朝乞顶月 岁夕占长春

四八年十二月十九上午开会解仿加靖三彩方崔葫芦
开车有纶画假徐全体宫庭姜之铜四纽金体
枪伯达主席处三老魏郑敏中崔到费朱家普
沈洪江方园锦凌典贞杨春致等仍世人陈才里
二次发言第一次特看错推我身上冯光钜迟言
我看了才责老任发言时集加沙高其定发言
人对我也妹两我自减讼子事实为快重看后又我
崔作良看崔却庸集我寿院工作时对业并
客陈方方鲁是抓请的特点亦兴也别时我不同意兴
客陈方方鲁是改陈时在向同志言你看
这三条我向下申的毕齐我志言之
些影瓷全由宅角主 宅举推受别人的坚议

这自信无愧的
的望是自刻院工作以来至今举收进新货这
的望是自刻院工作以来至今举收进新货这
我对事充诚贯责任这种想方意是不应有

新中国
捐献文物精品　全集

风雪冰泥滑门胆大心细

未雨绸缪即是福　事后悔恨悉白

先计划　手心静气　手别毛

父看上下睹　心要稳　步要军　未审初手

瓷上有文字的有款时开始见到有

笔都用此调色也有用菜水调的再线用中等

○考花都用此调色　赤须混水别参色法亮

由上彩当填泡杂皱是划拨

此墨再相似而由调色的无此特征

改用曲调色　因胶调色有轻重起颜之浓淡好

暗处曲彩音用胶调色些时到肉色深处中彩

胶面口处皮接受父　章法色彩笔法再意

别瓷四松光注意的是

五七年十月十日下午四点至十点和格的达主任

误文物保护工作交流紧阔连系质责和村

审交流经验以确保文物的安全为系列

(一)首连系质责是更重要是减轻培损文物

有人应负的责任而是同时工作人系要

明质相当一部份有住因有连系的关系

伤就方能互相监视和关心亦是同作人会有恶心

工作收发现同志精神体力情绪等多不寻常时

即时休息停止工作能挽救文物的危险同志们

左襄楠

更依谨慎的态心而得经验

各研究组同志们必须戒心而得经验

方研究组同志们必须戒心而得经验

更依谨慎的态心再将一切的事实通智有关

说明一切叫当事人们口服心服作检讨些他拍工作

差的不其只是会报上的文字未处理这种有关连

象多人问题恐怕不受当地方处理不当地方

万能得到实在真相　这样作好于处理上步骨备

当面交代　详细的经过　最好是用心别辩话

父一不慎伤损工物即时叫本人及同工作人

又发生不良影响以撤宽严再用当事实慎重理

景德镇烧瓷之过呈

瓷土原料　由各种岩石受雨露风霜侵蚀
而分解成为制造瓷器的主要原料以景
德镇的东乡星子明府高岭各地出产的
为最好呈各地之瓷土卷名高岭查坐经
水淘净即可作成土坯用时有加入二分之一

麻仓土由加靖时次苦竭　加隆为三代瓷土石及罢前
寸历土平间沒时代美虎庵土把摘很雅茶，伊如银珍计求

一种土就能制造各样的器型瓷器要烧
戏胎白而遠明卖声清响
后用升易烧乐方把的新土有新至芳元佳

胎的颜色取决于原料和焙烧的条件西戏

施油涛分为五种　蘸　盤　浇　塗　吹
油糧红用铜三氧化物　因温温还原焙烧之职浅
青三色二材料　羊花钻之蓝类古时用西子青
苏泥勃青四青　近用珠明料均光古雅幽菁色
陵塘平平产亲平

白釉　花乳石　陈青石　石灰石常糧釉果店
釉果用凤尾草烧煅而政氯油加色配成各
黑精石又叫芳子出炉陵就选用店庆水蚕坯上寄色烧陵后
样的色由成天蓝色　名洁西烧青

烧窑的火度　最高度1400 1370　古清三灭〈熰火1〉
慢火3紫火　新法三灭1还原熰子平性熰
3氧化熰　晋通烧6小时左右

新中国
捐献文物精品
全集

汗永和石羊记

我院文华殿文华厅前陈列着一对石羊及一对石羊记的制作
年代为后汗顺帝永和五年的庚辰汗代石刻流传
已有一千八百余年的悠久历史 汗代石刻流传
至今的多为碑刻和壁画 其先体奇形的雕刻
如这在羊而且成对的榻本少见 其二刻有纪元年
月地名 各 其二刻有孝子徐奥四字 汗代选举
有孝悌力田的科目 社会风尚最以孝行为重而
西相传羊善跪乳贱性他孝悌以羊为孝者的象徵当时
有此刻作大概是围来纪念孝子徐奥的此羊原
山东沂州府 所属州沂县 沂水县境同地名即各君
王朝 而见由来已久 此羊有取速信的小故事
据倚说左前情
助一点兴趣

光沂年间石羊崴的村民因为村中常有不详的
事故发生就请风水先生来看什么花因风水先生
看来看去说此羊作祟必须将它破坏掉方能
消毒出此化害遇难难讲村民信以为真就件集起来
准俗先日行动 当人王某名吴中的两级知识份子
他们讲演出四物且富有资财一日偶然行过石羊旁

见沂多人聚集蒙上正要毁掉这对石羊他问明缘故
就对村民说道你们兴毁掉石羊
而万难祭鬼神仍难挂损徐祸患我就情愿
你们陈家另外捐赠村中数百斤银子供雕祭鬼神
却祸让祸之闲村民听了欣然接受了他的近议这样的
石羊就为王某而有了其到一九三五年山东的古玩商
人聚集 由王某蒙中卖为通过北京古玩商联像
用二柄大羊由山东
铁博物馆运五羊已运到北京正在密谋运出国事恶本
省会知道被揭发被捕时的政府受兴论追道为得有

制止石羊的外运因此密谋那昌星的汗代石羊才得保
当下来这陈示如事即山东熟速古物情况其叙述的
我们今日偶经过文华厅对着石羊摩抄流连忘免
有许多感慨由柏旧政府不知也毕力保护古物心帝国
主义的种侵暑人民文化智识的浅薄为和断送多
少国宝即这对石羊折送径与数千年中已经两遭厄运
我军之历朝难後今日追思就有余恨我们秉承
政府的政策对手历失文物所为竭尽心力受护修
以尽我们应尽之责

画与十六字诗�题句

金黄翠萼带春葵 黄色花中有股
风光影社雁 时节归春派
千载白衣陶 一朵老女爱
素拖罗□掷 凌波风彩避遮
雾色珠帘映 春气深蕙玉裳风
时艳艳远□全掌霄
枝生无限月 花满自无秋
万□千计尽 犹放一年红
根生泥中玉 心承露不珠

○汝窑之多似大奇
釉质细坚多紫色 釉有绣纹如晨星
庶尾轻多菜 高□远□吟
淋气和宿雨 佳色出时烟
图球□白皆支钉
霄月凌波上大堤

○玉多绞柔釉□素阔之味 □窑主人□游观□屋
近□雪汗敲震 博文□珍玩 怡情养性 聚玉灵州
大明年文 照□□和元霄□花掷印製衣及製
□历□花晚□二写 长春佳番中心有上字者

忆经死尝咏宣窑 谁识龙泉青采朝
耳○赵柴出官陶 薛暴猶秋声价高
铁足周围非半器 绣纹层叠五中□
残□珍希情金去 □成精器高吹□
周礼 有薛暴琴架三病不入□ □火还 加微炙正
宣霄红评 掌如雨店霄霞红 方火还 是胎不正
世上珠珍非于拟 □方□玉敛雅月
□和皇佑得无紫 抹花度俊□色 比画翔嗔画是□
敬典宣霄斯最古 谁知皇佑尤□ □州汝窑王掷宸成□

○□文乃是福紫色釉□秘集 □□文庶上相□用于故名鱼字
金缕文乃是 深浅黄色□□ □金绕文
铁线文 文墨文重三文深浅□ 又□鳝□文多
大小格文 纲形文 冰裂文
细碎文 梅花文
片形□□西之名 这一种文庶拆文
汝釉无泡有□□□□釉泡□不同 总名百圾碎
汝窑并 之州白□有芝形 特命汝州陶□青
口欲其坚铜以锁 底究而□铁馀钉 合图点笔
意辞静 便□□鼻亦馨 岁日奉华印
万曹立口忆当传号善画色图奉华印 北京有红
奉华二字者乃采高宗刘贵妃□

晋仪出卖宋均窑二次共计六十八件 由世续经手卖东方汇理

（2）二批又卖宋均窑三月白色瓷斗笠盆阮寿四十四件

银行买办邓君祥 紫花盂洗字琏斗等拾七件

价共廿三元 邓文经将藏荔枝卖与日人山中

同有雁丘仿的四件其中交票拾多元卖出又顺诸瑞

珍字朱据北三家分习

卖郭世五价八万元 这些名贵文物大部传流（卖

为外汇丰备款拟将宋均窑七件（某妃之物）由郭子元令

美日

晋仪的三妻 邢桐字琴轩世续字伯轩 绍英字越千乃马佩明之父

红书计划

一、努力学习政治、时事，提高社会主义思想
觉悟，树立无产阶级思想，争取早日红透。

二、虚心向书学习，钻研业务，努力提高业务
水平，做到专深。

三、愿将我校培养...毫无保留地供
献给青年同志。

四、对待收购、评级、拣到、剔拣等之作，争
取不出偏差。

五、在工作进程中不怕困难，提报荣誉思想
和粮食。

六、欢迎批评，及时改正错误，全心全
意为社会主义服务。

附录

纪念孙瀛洲先生

——在孙瀛洲捐献陶瓷展开幕式上的讲话

郑欣淼

在2003年初秋之际，孙瀛洲捐献陶瓷展开幕了，这是一件可喜可贺的事。

孙瀛洲先生（1893—1966年）是河北冀县人，早年在北京的古玩店当学徒，后独立开办了敦华斋古玩店，成为当时著名的古董商和鉴定家。新中国成立后，他将家藏三千多件各类文物捐赠给故宫博物院。曾当选第四届全国政协委员。

从某种意义上说，这是一个迟到的展览。因为孙瀛洲先生是在20世纪五六十年代捐献这批文物的，按照国内外博物馆界的通例，对这样一批数量大、品质高的捐赠品，当时就应该举办一次展览，一方面播扬捐赠者之美名，另一方面也与天下同好共赏奇珍。由于历史的原因，今天才得以举办这个展览，也算是虽然迟到但尚感欣慰的弥补吧。

这又是一项恰逢其时的展览。在故宫博物院建院七十八周年前夕，我们更加缅怀为故宫博物院的创立和发展做出过贡献的前人。在故宫现有的一百五十万件（套）藏品中，有五分之一是建院以后入藏的，其中就有相当数量来自私人捐赠，孙先生是捐赠文物数量最多、质量最高的人之一。这些珍品对充实故宫博物院的收藏起到了重要作用。因此，在孙先生诞生一百一十周年和故宫博物院建院七十八周年前夕，我们举办孙瀛洲捐献陶瓷展，也是一次饮水思源的纪念。

孙瀛洲先生的道路是他同时代的一批人共同历程的缩影。从学徒到经营者，从经营者到收藏家，从收藏家再到文物鉴定专家，从文物鉴定专家再成为文物捐赠大家，这是一条自学成才的道路，也是由小我到大公的升华过程。这既具有中国的时代特色，也符合世界文物大家的养成规律。

孙先生曾当选第四届全国政协委员，这在与孙先生类似背景的同时代人中是不多见的。这既是政府和社会对孙先生所做贡献的褒举，其实也是对孙先生为代表的一大批人的重视和肯定。

孙先生收藏和捐献的文物包括陶瓷、青铜、珐琅、漆器、雕塑、文具等诸多器类，其中尤以陶瓷为主，占三分之二以上，包括晋、唐、宋、元、明、清各代名窑珍品，孙先生的鉴定知识也涵盖众多领域，而尤以陶瓷鉴定为最，不仅是公认的明清陶瓷鉴定大家，享有"宣德青花大王"的美誉，而且还是宋元陶瓷研究的开创者和奠基人，从院藏陶瓷中鉴别出了过去一直未被认识的汝窑罐盖及多件官窑、哥窑瓷器等恒世珍品。

在英文里，"陶瓷"与"中国"是同一个词，反映了中国陶瓷的辉煌历史和重要地位。当代许多外国人认识中国仍然是从包括陶瓷在内的中国文物开始的。陶瓷早已成为并至今仍是中国传统文化的象征之一。唐代千峰翠色的越窑青瓷、类银似雪的邢窑白瓷，宋代汝、定、官、哥、钧五大名窑的名瓷，元、明、清三代景德镇的青花瓷等，无不在国内外享有盛誉。在孙先生捐赠的二千多件陶瓷中，就不乏宋代官窑盘、官窑葵瓣口洗、哥窑弦纹瓶、哥窑双耳三足炉、汝窑洗、定窑白釉划花葵瓣洗，元代红釉印花云龙纹高足碗，明代永乐青花折枝菊纹折沿盘、宣德青花折枝花纹执壶、成化斗彩三秋杯，清代康熙釉里红加彩折枝花纹水丞、康熙斗彩雉鸡牡丹纹碗、雍正仿成化斗彩洞石花蝶纹盖罐、乾隆粉彩婴戏纹碗、乾隆炉钧釉弦纹瓶等稀世珍品，其中有二十五件被定为国家一级文物。而且在这些瑰宝中，许多当初就是专门为皇家宫廷烧造的，重新入藏故宫博物院可谓物得其所，相得益彰。

孙先生在故宫博物院工作期间，对院藏陶瓷重新进行了系统鉴定，并为故宫博物院和全国陶瓷界培养出了耿宝昌先生等一批陶瓷鉴定大家，为故宫博物院的陶瓷研究奠定了坚实的基础。陶瓷至今仍是故宫博物院重要收藏门类，陶瓷藏品占全院藏品总数的三分之一。故宫博物院的陶瓷研究也仍然在全国居于领先地位。

　　从孙瀛洲先生的经历还可以得到一点启发：实践出真知。尤其是在文物鉴定、修复、传统保护领域，仅靠书本知识是不够的，长期的实践是取得成果的必要条件。应该说，"师傅带徒弟"的形式在今天某些传统技艺的传承领域仍然具有强大的生命力，"师承制"这种形式值得我们在培养人才方面认真借鉴。故宫博物院在古建筑维修、彩画修补、各类文物修复与复制、书画装裱等方面有一批专家，他们在长期实践中积累的丰富经验是珍贵的无形文化遗产，是我们的宝贵财富。这些专家大多年事已高，他们的某些技艺有濒临失传的危险，因此我们应有计划地积极抢救、继承这些经验和技艺并将其发扬光大，这是我们义不容辞的责任。

2003年8月21日

云卷云舒存高洁

——纪念孙瀛洲先生一百二十周年诞辰

单霁翔

孙瀛洲先生是我国文博大家，为故宫博物院和中国古陶瓷研究做出了杰出的贡献。在先生一百二十周年诞辰之际，故宫博物院通过举办相关纪念活动，追忆先生其人其事，探讨他的学术思想，学习他的爱国义举，无疑具有重要的现实意义和历史意义。

孙瀛洲（1893—1966年），河北冀县人，我国著名的古陶瓷收藏家、鉴定家，第四届全国政协委员。1906年到北京，曾先后在同春永、聚宝斋、铭记等古玩铺任学徒、伙计、采购、副经理等职。他聪明好学，积累了丰富的文物基础知识。1923年在北京东四南大街创办了自己的古玩铺敦华斋。因研究深入，经营有方，成为北京著名的古瓷经营者。1956年至1965年，孙瀛洲先生陆续向故宫博物院捐赠了三千余件文物，丰富了故宫博物院的收藏。也是在1956年，作为花甲之年的老人，孙瀛洲先生欣然接受了故宫博物院的聘请，开始了他"故宫人"的生活。

孙瀛洲先生捐赠给故宫博物院的这批文物非常珍贵。经统计，珍贵文物二千二百余件（其中故宫定为一级文物的有二十五件），占捐赠文物的近百分之八十，如唐代"千峰翠色"的越窑青瓷、"类银似雪"的邢窑白瓷，宋代的官窑盘、葵瓣口洗，哥窑的弦纹瓶、双耳三足炉以及明清各朝的名品重器，均属难得一见的珍品。明代成化斗彩三秋杯造型轻灵娟秀，胎体薄如蝉翼，是目前已知传世及出土成化斗彩瓷器中绝无仅有的，更是珍品中的珍品。从文物门类上看，这批文物也十分丰富，除了二千一百多件陶瓷外，还有漆器、珐琅器、雕塑、铭刻、文具、铜器、玉石器等多个门类。另外，值得注意的是，这批文物中有一些本为清宫旧藏，由于各种原因流散在外，经孙瀛洲先生的努力，而最终得以回到"自己的家"。

先生收藏的这批文物来之不易，倾注了其全部的心血和精力。时值中国多事之秋，国家内忧外患，社会满目疮痍，先生生活极为简朴，但是为了收藏这些历史文化的瑰宝却不惜重金，全力购藏。正是先生对这些文物的热爱以及对国家的无私奉献，才使得我们在今天依然可以欣赏和研究这些中华民族的文化精华。

1956年，故宫博物院聘请孙瀛洲先生到院工作。先生曾言："活到六十多岁，没想到还能为人民做一点事，内心是很乐意接受这一工作任务，并愿意把我几十年在文物认识上的一点经验贡献给祖国的文化事业。"正是怀着这份炙热的感情，孙瀛洲先生把生命的最后十年毫无保留地奉献给了故宫博物院和他所热爱的文化事业。

面对故宫博物院收藏的几十万件陶瓷藏品，先生如鱼得水，竭力奉献，带领故宫陶瓷专业人员做了大量整理和鉴定工作。他结合工作经验，从十个方面用数千字总结了博物馆工作者应该了解的文物安全保护知识。在当时，对于规范故宫博物院从业者的工作行为，提升业务能力发挥了重要作用。即使时至今日，也依然有着重要的参考借鉴作用。这本先生手写的安全手册至今完好地保存在故宫博物院。先生重视陶瓷理论研究，将自己的鉴定知识经验加以总结，撰写了大量精辟的阐述文物鉴定与辨伪知识的论文，如《谈哥汝二窑》《元明清瓷器的鉴定》等。这些文章所归纳总结的鉴定经验，至今对古陶瓷鉴定和研究具有重要的指导意义。

先生虽出身古玩行，但未被古玩行盛行的"教会徒弟饿死师傅"的陈腐观念所束缚，而是把自己多年摸索总结的知识、经验倾囊相授，对院内年轻专业人员的业务成长付出巨大心血。据耿宝昌先生回忆，先生经常把自己的稿费拿出来买一些书送给年轻专业人员，甚至有时生病在家休息，还会邀请年轻专业人员到他家，为其讲解古陶瓷鉴定的重要知识以及平时的工作经验。先生的言传身授，为故宫博物院培养了一大批高素质的专业人员，如耿宝昌先生、叶佩兰女士、王莉英女士等均已成为我国陶瓷界的大家。新中国成立初期，正是在以先生为代表的老专家们的带领下，故宫博物院的人才队伍得到很好延续，为各项业务工作的开展打下了坚实的基础。

时间无情地冲洗着过去，先生虽然已离开我们四十多年了，但是先生留给我们的宝贵财富是时间无法磨灭的。这位优秀的故宫人用实际行动感动了他的那个时代，现在依然激励着我们这个时代，将来还会不断地鼓舞后来者。先生捐赠的这三千余件文物珍品，故宫博物院会妥善保管，并且会完好地保存下去，永远为先生和我们所热爱的文物事业服务。先生所体现的精神也将激励着现在的故宫人不断进取，为早日实现故宫博物院的健康稳定发展贡献自己的全部心力。

再续"出师颂"

——追忆先师孙瀛洲

耿宝昌

1893年9月孙瀛洲先生出生于河北省冀县，1966年9月逝世于北京，享年七十三岁。他是我国文物界、博物馆界先辈之一，堪称20世纪中国文物博物馆界著名陶瓷专家，是集收藏、鉴赏、鉴定、学术研究于一身的知名人士，生前曾被同人们誉为"老法师""宣德青花大王"。他毕生从事古陶瓷及其他类工艺品研究，重点为陶瓷，是近现代古陶瓷鉴定领域名副其实的首席先辈。他学识渊博、造诣高深、名扬四海。他所确立的鉴定学说，在陶瓷界人皆敬仰，得到共识。

20世纪30年代，孙老就对历代陶瓷了如指掌，曾先于他人准确鉴别宋代五大名窑瓷器，以及元代和明代的永乐、宣德、成化、弘治瓷器乃至清代各朝瓷器。例如，对宋代官、哥窑瓷器的鉴定，他仅用手指捏瓷器的圈足就可以判定窑别，令人钦佩折服。对成化斗彩瓷器的鉴定也具有独到的见解。不仅陶瓷一项如此，其他品类的工艺文玩，俱各精通。

孙老于1956年应聘到故宫博物院从事古陶瓷研究、鉴定工作，1965年曾被推选为第四届全国政协委员，生前一直是国家文物事业管理局王冶秋局长、故宫博物院吴仲超院长的挚友，情义甚笃。

孙老秉性开朗豪爽，1950年为支援抗美援朝，他自愿捐出一批珍贵文物义卖，将筹款悉数捐献给国家。1956年至1965年，他建设社会主义心切，毅然将其精心收集珍藏的祖国文化遗产、各类文物精品三千三百余件，全部捐献给他热爱的故宫博物院，仅二千多件陶瓷类文物中，当时定为国家馆藏一级品的就有二十多件。其爱国惊世义举，为一般收藏家、鉴赏家所望尘莫及，孙老也因此受到了国家的奖励和表彰。作为爱祖国、爱文化、爱文物的文物博物馆界时代先驱之一，孙老所表现出的大家风范，必将名传千古、永载史册。

为表彰、怀念孙老对文物博物馆事业所做出的杰出贡献，北京市将他于1923年开设的敦华斋店堂招牌高悬于琉璃厂文化街，以老字号名店昭示后人。原匾额系清末文人陈宝琛亲书，现为赵朴初先生书写。

2003年孙老一百一十周年诞辰之际，故宫博物院为纪念他对国家文物博物馆事业所做出的突出贡献，曾从其捐献的二千多件陶瓷中遴选出二百五十四件出版大型图录《孙瀛洲的陶瓷世界》，再从中精选出一百六十三件隆重地举办了孙瀛洲捐献陶瓷展。孙老所捐献之陶瓷不仅为故宫博物院增添了藏品，而且也丰富了国内其他博物馆的馆藏，捐献品中有七十多件由故宫博物院调拨支援了全国二十多个兄弟博物馆永久珍藏。同时为了弘扬祖国文化，进行中外文化交流，有的捐献品还被赠予友好国家永为友谊纪念。

今年（2013年）适逢孙老一百二十周年诞辰，故宫博物院诸位院领导和同人们对孙老的慷慨捐献义举无限崇敬和怀念，决定再次举办纪念老一辈师长的楷模——孙瀛洲系列纪念活动。尤其值得一提的是，故宫博物院单霁翔院长给予此次纪念活动以特别关注。

对孙老探研历代古陶瓷的验证，莫过于他捐献的陶瓷精品。而《孙瀛洲的陶瓷世界》一书可谓是他捐献陶瓷的一个缩影。其中的宋哥窑青釉弦纹瓶、元红釉印花云龙纹高足碗、明成化斗彩三秋杯等均堪称绝世佳品。其他永乐、宣德、成化、弘治终明一代和清代历朝官窑也多有鲜见之物。2013年9月份举办的展览除瓷器外又着重从其捐献的一千多件其他类工艺品如犀角、竹、木、牙、玉石、青铜等中，遴选一部分精品予以展示，内容可谓丰富多彩。

孙老诲人不倦、桃李满天下。我有幸自1936年至1946年投师孙老，学习陶瓷专业，获益良多。1956年至

1966年又有缘与孙老同在故宫博物院工作、研究陶瓷，更是受益匪浅。孙老对专业知识的传授毫不保留，几十年来从师之门生不知凡几，其中还包括一些国外学者，如英国研究中国陶瓷的著名学者白兰士敦。1936年年初来中国时，他年纪尚轻，曾就学于孙老研究明初永乐、宣德青花瓷器和永乐甜白釉瓷器，归国后写就《明初景德镇瓷器》一书，其学术价值至今仍被学界看重。另有日本人茧山顺吉、法国人杜伯斯等，都曾做过孙老的学生。

孙老在故宫博物院任职期间不仅为故宫博物院征集文物充实了藏品，而且带头对院内藏品一丝不苟地逐一甄别、鉴定，发现了多件被湮没的珍品。更为人称道的是，孙老对故宫博物院的人才培养也做出了卓越贡献。他兢兢业业、鞠躬尽瘁，提携了不少老、中、青专业人员，如冯先铭、叶喆民两位先生均曾受益于孙老。20世纪60年代至70年代，孙老为上海博物馆、广东省博物馆等在收购文物、藏品鉴定、人才培养等方面也贡献良多。

从1956年开始，孙老致力于鉴定理论的总结，在故宫博物院陶瓷组工作人员的协助下，先后发表了数篇精辟阐述文物鉴定和辨伪的论文。见于《故宫博物院院刊》的有《谈哥汝二窑》《试谈明代永乐宣德景德镇官窑瓷年款》，见于《文物》杂志的有《明嘉靖青花加彩鱼藻罐》《成化官窑彩瓷的鉴别》《我对早期青花原料的初步看法》《元卵白釉印花云龙八宝盘》《瓷器辨伪举例》《元明清瓷器的鉴定》《元明清瓷器的鉴定（续）》等。此外，他还一直关注清代康熙、雍正、乾隆朝珐琅彩瓷器，并做过深入研究，集其毕生研究心血的遗作《论古月轩瓷器》未曾发表，2003年经同人将其手写稿进行编排、校对，已刊登在当年出版的《孙瀛洲的陶瓷世界》一书中，以飨读者。对于明代永乐、宣德、成化、正德等各朝御窑瓷器上的年款，孙老经过反复推敲，高度精练地编成口诀，可谓脍炙人口，曾被广征博引，港、台地区刊行丛书时也曾将之辑入，对国内外开展中国古陶瓷研究具有极大指导意义，流传千古。

故宫博物院为彰显孙老慷慨捐赠的盛举，在孙老一百一十周年诞辰之际（2003年）举办的孙瀛洲捐献陶瓷展意义重大。特别是当时与故宫博物院新收著录隋人佚名《出师颂》展览同日开幕，互相辉映，传为佳话。我作为从师十载、深受孙老教益的门生，当年八十一岁，十分有幸有机会为先师一百一十周年诞辰纪念举办的展览和出版的图书略尽绵薄之力，以感念师恩。当时曾为《孙瀛洲的陶瓷世界》一书略赘数语，权且为序，作为另有新意的"出师颂"，以告慰九泉之下的孙老。今年开展的纪念孙老一百二十周年诞辰活动，内容更加丰富，除了故宫博物院将举办展览、出版图录和召开孙瀛洲学术思想座谈会外，孙老的故乡——中华大地"九州"之首的冀州也为作为历史名人的孙老兴建纪念馆，以示永垂。京、冀两地不约而同为纪念孙老而举办盛大活动，相得益彰。

如今，我作为孙老的门生，年已九十有一，尚能在有生之年为已故先师的纪念活动尽微薄之劳，深感万分荣幸。2003年的纪念活动，我曾缀以片语言为"出师颂"，今天的有感而发，可看作是一次后续。倘能在十年后的下届纪念活动时，再次接叙对恩师的怀念，则幸甚不已。

新
国
捐献文物精品
全集

明清瓷器科学鉴定的奠基人

李辉柄

　　在20世纪50年代，著名瓷器鉴定专家孙瀛洲先生把自己收藏的大量珍贵瓷器无偿地捐献给故宫博物院，并受聘于故宫博物院专门从事古陶瓷的鉴定、研究工作。

　　在故宫博物院，陶瓷研究一直是学术工作的重点。为了解决陶瓷研究领域中存在的问题，提高陶瓷研究的水平与鉴定能力，从20世纪50年代开始，故宫博物院就确定了本院陶瓷研究的基本方针，并制定了一个长远的研究规划，即故宫博物院陶瓷研究工作分宋代以前与明清瓷器两大段同时进行，既分工又合作。宋代以前的瓷器研究以我国著名陶瓷专家陈万里先生为首组成调查组，对我国南北各地的古代瓷窑遗址进行调查，以解决宋代以前瓷器的窑口即产地问题。明清瓷器的研究就以著名瓷器鉴定专家孙瀛洲先生为带头人组成鉴定组，对故宫博物院库藏约三十余万件瓷器，特别是清宫旧藏的明清瓷器进行断代研究，以解决库藏瓷器的科学鉴定问题。

　　明清瓷器的鉴定与宋代以前的瓷器鉴定是不同的，尽管绝大部分为江西景德镇窑的产品，但其年代的鉴定相对来讲要比宋代以前的困难得多。这是因为明清时期的墓葬出土瓷器很少，特别是其中带纪年的更为罕见。明清瓷器的造型也不像唐宋以及更早期的瓷器那样有固定的标准，再加上明清多数朝代的年限都不长，瓷器的品种又相当繁杂，而且还因后代继承前代的制作而存在着一定的连续性。因此，对明清瓷器进行精确的断代是非常困难的。

孙先生的陶瓷收藏中，除了宋代五大名窑瓷器外，还集中了大量的明清瓷器，特别是明代初期的青花瓷器，故有"宣德青花大王"之称。他多年来利用手中的收藏仔细研究，又以渊博的鉴定知识收集了大批罕见的珍品。所以孙先生经营文物并非只为赢利，更为了珍品的收藏；其收藏亦非仅为敛聚，而是利用这些珍藏进行严谨的比较和研究。其收藏之丰富决定了其鉴定知识之渊博。最后，孙瀛洲先生不仅把自己苦心经营了一辈子的瓷器等类收藏无偿地捐献给故宫博物院，而且带着丰富的鉴定经验积极地投入到故宫博物院艰巨的陶瓷鉴定工作中。

在孙先生的指导和参与下，遵循他所倡导的科学排比的方法，陶瓷组的专业人员边排比，边研究，边进行鉴定，使这项鉴定工程得以顺利完成。一些瓷器被错划的年代得到纠正，尤其是对于明清带年款的官窑瓷器的研究更是取得了突破性的进展。通过这项鉴定工程，孙先生言传身授，还为故宫博物院培养了一批业务扎实的鉴定人才。

孙瀛洲先生是我国采用类型学方法对明清瓷器进行排比研究的第一人。他以明清带年款的官窑瓷器作为标准器，把不同朝代的瓷器所具有的不同时代特征排比出来，经过研究归纳，将这些"鉴证"提到理论化的高度再用以指导鉴定实践，从而使明清瓷器的鉴定从朦胧走向了清晰的阶段，为明清瓷器的科学鉴定奠定了基础。

20世纪60年代，孙先生在《文物》期刊上连续发表了题为"元明清瓷器的鉴定"的系列论文，这既是对故宫瓷器鉴定工程的科学总结，又将我国明清瓷器鉴定的工作理论化，对提高专业人员的鉴定水平起到了极为重要的作用，至今仍具有指导意义。虽然这一系列重要论文因1966年先生的故去而未能完成，但孙瀛洲先生不愧为我国明清瓷器科学鉴定的奠基人。

孙瀛洲先生终其一生以强烈的事业心、高度的责任感与严谨的治学态度为保护祖国的文化遗产做出了巨大的贡献，他在文物捐献和学术研究方面的巨大业绩将永存史册。

2003年8月21日

回忆恩师

叶佩兰　口述
赵　伟　整理

　　孙老来故宫最先是在陶瓷研究室，1958年以后就到了业务部，合并业务部后孙老就被分到了保管部。那时我在保管部是最年轻的。因为故宫历届领导都主张培养接班人，所以那时我就跟孙老在一起工作、学习。

　　那时我才二十岁左右。现在回想起来，我这一生还是比较幸运的，能找到这样一份工作。20世纪50年代博物馆不是很热门，而且人们一般也不太喜欢找这样的工作。

　　孙老的无私奉献，这是大家公认的。我觉得他的无私奉献表现在他给我们留下的巨大财富：一个是物质财富，一个是精神财富。

　　物质财富大家已经说了很多了，指的就是他的捐赠。按现在市场经济来看真是无与伦比的——二千多件捐赠品中有二十多件是一级品，其中更有世界孤品。孙老捐赠的东西补充了故宫博物院陶瓷藏品的空白。

　　另外就是精神财富。突出的表现就是他把知识无私地传授给我们大家。工作过程当中他会随时随地教我们，比如器物的胎、釉、造型，孙老都会把它们的特征一一告诉我们。我们现在所以有一些鉴定经验，可以说基本上都是那时打下的基础，也可以说没有辜负孙

新
中国
捐献文物精品
全集

老的期望。从业务学习方面来讲，那时我们每周有半天的业务学习，有时孙老给我们讲，有时冯先铭先生给我们讲。另外，我们在库房工作，除了学习之外，还有随时随地的讲解。举一个例子，这个事情大家都知道。五大名窑之一的哥窑出品，元、明、清、民国到现在各个时代都仿制，真品与仿品彼此有些什么差异呢？为了让我们了解这些，孙老拿出一件哥窑瓷器，又分别拿出一件明代和清代的仿品。他背过身去让人把器物翻个身，让器足向上，并把次序打乱，然后老先生闭着眼睛转过身来用手摸着器足辨认，"这是明代仿的……这是宋代的……这是清代仿的"。身边的人都惊呆了，都争着问孙老是怎么辨认的。孙老向大家做了讲解："宋、元、明、清各个时代的制瓷工艺不同，用手触摸的感觉就不同……"那时我们哪知道什么是手感呢，但他这样一演示，我们至少立刻就明白了一点：原来做鉴定不光要眼学还要手感，摸一摸，掂一掂……

再比如说成化彩，他把他的经验都编成了歌谣，红彩什么样，黄彩什么样，绿彩什么样。明朝的红跟清朝的红、后代仿品的红虽然都是红，但完全不同。还有明朝的黄和绿，他说是"绿闪黄，黄闪绿"。那时我们觉得黄就是黄，哪能还闪绿呀，绿就是绿，怎么还闪黄呢？但结合实物一看，它确实是黄闪绿，绿闪点黄。如果你们将来有机会看到明代瓷器实物，特别是黄彩、绿彩，你要侧看，而且用放大镜一看，它有一种老化的现象。而像这些基础的鉴定常识我们过去哪知道啊，都是孙老随时随地一点一滴地给我们说的，就在我们库房的日常工作当中随时进行的。

那时孙老已经六七十岁了，还天天到故宫上班。当时我们库房在编"故"字号文物，大家都在一起工作，一边编他就会一边给我们说说，随时随地教给我们知识，也对我们进行一些考查。我印象特别深的有一次，编号编到了一个乾隆款的画花卉的印盒，这个印盒底下写着"乾隆年制"四个字，红彩的楷书。那天这件印盒就放在我们的办公室（当时还是在神武门内的那一排房）一进门的一个大桌子上，冯先铭先生、孙瀛洲先生和同事们都坐在桌边。早晨上班我刚一进来，就听见孙先生叫我："叶子，来瞧瞧！"我一看，就说："这是晚清的吧。"因为我看画得比较粗糙，而且是楷书的款，一般乾隆官窑都是篆书的呀，估计像是晚清的。结果一下子就说错了，实际上是真乾隆的，乾隆民窑，官窑是篆书，而小民窑是楷书。那一说错了给我的感觉就是这一辈子都不会忘。就像现在搞收藏的人，一旦买错了一件东西，上当了，这一辈子都不会忘。看古董有这个现象，要看对了就特别高兴。那时我们经常收购，每一次买东西回来都要放到总保管组，然后专家来查看，是要还是不要，我们大家也都去看。有一次在总保管组，有一件明代嘉靖白釉瓶。明代嘉靖的白釉还是比较突出的，因为除了永乐甜白以外，到了嘉靖、万历还有白釉。一般容易把嘉靖的白釉看成永乐的甜白，因为它也是一种粉白色的，但是这个白和永乐甜白还是有区别的。当时我们在库房经常搬动文物，我对这个白还是有点儿印象的，所以当时我一看，就说："这是嘉靖的吧。"我一说，他们就都笑了，当时李辉柄先生也在，我们还都比较年轻，李辉柄就说："英雄所见略同！"他刚说了这一句话，大家就又笑起来，就说明我说对了。说对了和说错了印象都特别深刻。所以现在让我看嘉靖白釉我觉得很有把握。

在对文物进行整理、编号的过程中，偶尔会整理到孙老自己捐献的文物，他遇到了便会很高兴地拿红漆笔在器底写上一个"沄"，他写三点水加一个云字，代替"瀛"字，笑着说这是本公司出品。他对自己的东西印象非常深刻。这么个小细节也让我们感觉到，对孙先生来说能把自己的东西放在故宫库房里保存，他是很骄傲的。这也说明了故宫在他心目中的地位。

孙老非常可敬可爱，不仅业务上随时随地教我们，还差不多每星期天都带我们去琉璃厂看东西，加强实践，看完东西快到中午了，出了琉璃厂就请我们到虎坊桥那儿去吃小笼包。另外，我觉得孙老很难得的一点就是不受旧社会"教会徒弟饿死师傅"这种观念的束缚。我那时不敢写文章，觉得写文章都是大专家的事，孙老就鼓励我们写文章。他自己也写文章，孙老的文章对于当时和现在的人来讲，都起着重要的指导作用，都是实实在在的经验。我们现在嘴里说的经验其实都是那时孙老说的。孙老告诉我不要怕，写文章也要实践，由不会写到会写，要多看参考资料，借鉴人家的经验。孙老曾对我和王莉英说：你们要好好学习，将来要是学好了的话，就是新中国成立后第一批女陶瓷专家。在实践中言传身教他的鉴定经验，同时还在思想上鼓励你，这都是他非常可贵的无私精神的体现。

生活上也是。开春了，孙老在街上买了大个儿的心里美萝卜，削好了，拿手绢一包，来了之后放到桌子上，大家就一人掰一瓣儿；到五月端午的时候，给我们拿他自家包的粽子，也是拿手绢一包。他把我们陶瓷组这些人不仅仅当同事，他不仅关心你的学习，还关心你的生活。对国家有这么大贡献的人，按理说应该是很拿派头，但他没有这种想法，他把自己当成一个很普通的人。他讲课时也老是客气地对大家说：请诸位提意见。

他在鉴定上特别慎重、认真、负责。当时我们在给文物定级，我们现在资料室有一个橄榄形的素三彩大瓶，上面带刻花，就是黄、绿、紫三色，原来是定为文物，定的是明嘉靖时期，后来经孙老仔细研究，数次进库房看，最后改定为民国仿，把它降为资料。孙老对工作是非常认真、负责、慎重，不研究透了不表态。

孙老把他的收藏都捐献给了故宫，他跟自己的儿子孙洪琦说，你们要这没用，国家要它有用。

孙老离开我们已经有四十多年了，他给我们留下了丰富的物质财富和精神财富。

感念先师孙瀛洲

王莉英

孙瀛洲先生是我步入工作岗位后有幸师从的第一位老师。他既是开导教诲我学习与研究中国古陶瓷的启蒙老师，更是我从事古陶瓷专业五十多年来始终追慕、景仰不已的终生老师。今逢先师一百二十周年诞辰，追念跟从先师学习工作的时日，先师的音容笑貌和德行风范历历在目，永志难忘。

1956年秋，我到故宫博物院陶瓷研究室工作的第一天，从冯先铭先生的介绍中得知，就在这一年，孙瀛洲先生已将毕生收藏的两千多件文物捐献给故宫博物院。我望着孙先生，心中油然生起敬仰之情。当我在慈宁宫陶瓷馆第二次见到孙先生的时候，他微笑着，透过圆形黑边眼镜的上隙处看着我说："年轻人大有作为，好好地干。"我顿感亲切，备受鼓舞。而后，先生又对我说："博物馆工作最重要的是文物安全，千万不能损伤文物。"随即，他示范性地将一件瓷器展品小心地放入展柜，又稳妥地摆好。就这样，孙先生言传身教的"文物安全"第一课，使我切记心间。

1957年，由陈万里、孙瀛洲先生指导陶瓷研究室全体成员对院藏陶瓷文物的年代、窑口、真伪进行了逐件鉴别，再根据其历史、科学、艺术价值划定等级。虽然作为古陶瓷鉴定的专家，孙先生的意见有一言九鼎的权威，但在工作中，先生非常谦虚，每鉴定一品，都客气地请陈老先看、做评价，再听取大家的意见，然后说出自己的看法并加以讨论，最后方做出鉴定结论。必要时，一件藏品看上三五日后才拍板定论。记得在整理明永乐白釉器时，一件纯白釉暗花脱胎碗，原定为永乐器，先生仔细看过后，提出年代有疑，对大家说："先放在一边，存疑，再多看看。"我们随先生反复看了三日后，先生方给大家揭秘："这件白釉脱胎碗，胎体过薄，手摸口沿边缘有锋利感，暗花纹样不及永乐真器流畅自然，是后世仿品。"孙先生一贯实事求是而又谦虚严谨的作风深深地感染着我和同事们，我视其为毕生楷模。

"在工作中学"是孙先生向我传授的学习之道。在陶瓷馆陈列工作中，先生时常指点我如何把握器物特点。一次，站在明宣德青花的展柜前，先生教导我观察宣德青花色料的特征，告诉我这是用进口青料画的，青花色泽浓艳，浓重处蓝黑色上有铁锈斑点，微凹不平，锈斑浓的地方深入胎骨并有锡光。我看过后，指着摆在一侧的青花缠枝花卉纹梅瓶问先生："这件青花上也有黑褐色斑，也是用进口青料画的吗？"先生说："这件青花上的铁质斑没深入胎骨而浮在釉上，是黑褐色的，不显锡光，不是用进口料画的。"又说："你要仔细地看，对比地看，反复地看，有铁质斑的地方用手摸一摸是否下凹不平，就能明白。"我遵循先生的指点看了多日，终于对明早期进口青料与国产青料的呈色特征有所感悟，深记脑海。在库存藏品整理定级的工作中，先生像上述那样的细致传授颇多。我在做好鉴定划级卡片记录的同时，也记录下先生讲授的知识要点，还画些简图帮助记忆，先生看了我的笔记很是高兴，鼓励我说："不错，学习就是要这样，随学随记，加强记忆。"又告诫我："学习中要多看、多比、多问，要虚心，有恒心，有信心。"先生归纳传授的这"三多""三心"研习经验使我受益匪浅，终生受用。

为了更好地培养专业队伍，20世纪60年代初，吴仲超院长提出由老专家带徒弟的培养计划，自此，我正式成为孙先生的学生。先生制定了"工作中传授与业余时间传授并举"的教学方案。教学中先生首先指出：藏品鉴定是博物馆工作者必备的基本功，并强调学习鉴定，不能只看书，提出"理论必须与实物相结合"。先生利用休息日带我去琉璃厂古玩店上实践课，通常是店方遵照先生的要求提出内库藏品，先生结合文献向我细致地讲述该藏品的窑口、胎、釉、造型、装饰、工艺特征，再以看、摸、掂、嗅的综合手法，辨认藏品的年代、真伪。讲课中先生再三强调："鉴定陶瓷器时，一定要多方面仔细地看，切不可就其一点不及其余地下结论，这是鉴定的大忌。"先生讲授的关于造型、胎质、釉质、装饰、款识等同时并用的鉴定要领是陶瓷器鉴定的法宝，必将世代沿袭永传。

在先生家上课的日子里，先生在生活上的简朴无华，在事业上的勤勉诚挚，都给予我极深的印象。他每晚必读书或撰写文章，我所见先生读过的《陶雅》《陶说》《饮流斋说瓷》等书中，先生用红色小楷批写的不同见解或甄定字里行间比比皆是，显现出先生勤于思索、刻苦钻研的精神。先生利用业余时间撰写的学术文章《成化官窑彩瓷的鉴别》《我对早期青花原料的看法》《试谈明代永乐宣德景德镇官窑瓷年款》《瓷器辨伪举例》《元明清瓷器的鉴定》等皆是先生毕生经验的提炼，句句千钧。

先生对我们的学习要求甚严，期望甚高。每次上课，都要温习前一课的内容，回答先生的提问。答对时，先生点头微笑；答不出时，先生则眉头紧锁，严肃地批评。记得在上成化瓷器课时，先生目视着我和蔼地提问："你说说，上次课讲的成化官窑年款的特征。"我立即将先生编写的"大明成化年制"六句歌诀背诵出来。先生点头说："背得很熟。"又问："这六句口诀每句的所指是什么？"我讲不清楚。先生严肃地批评："不用心啊！"我低垂了头，无言以对。先生随即又语重心长地责勉说："学习要勤奋、要刻苦。你年轻要努力学，听不懂的要问，要多问。"并常常勉励我："各行各业都出专家，多数是男同志。你要努力学习，成为中国的女陶瓷专家。"面对先生的期望和鞭策，我下定决心，一定要做出成绩回报先生。经过三十多年的努力奋斗，我被评聘为故宫博物院的研究馆馆员，国家文物鉴定委员会委员。现虽已退休，但对于中国古陶瓷的研习并未休止。我现在担任中国古陶瓷学会会长，致力于中国古陶瓷学会的学术交流、普及教育及组织工作，并受聘为北京师范大学历史系兼职教授、南京艺术学院客座教授。我恪守先生"活到老、学到老、工作到老"的人生准则，努力做出更多的成绩，以告慰先师的在天之灵。

收藏界的榜样

吕成龙

一、生平简况

孙瀛洲（1893—1966年），男，原名孙金安。汉族。1893年9月21日出生于河北省冀县孙家宜子村。1904年10月至1906年4月，在家乡私塾读书。受家乡习俗影响，1906年5月来到北京谋生。曾先后在同春永、聚宝斋、铭记等古玩铺做学徒、伙计，继而任采购、副经理等职。1923年1月在东四南106号开办敦华斋古玩铺，自任经理，经营该店铺至1949年12月。

1950年1月至1950年6月，经营东四泰丰面粉厂。1950年7月至1951年12月，在东四南大街与人合办群众旧货铺。1952年1月至1956年3月因经营旧货铺因亏本而停业散伙，在家闲居。

1956年3月，应邀到故宫博物院参与古陶瓷鉴定工作，并自愿将自己经营古玩积攒的古董共计二千九百余件无偿捐献给故宫博物院，受到国家奖励。同年7月，经文化部批准转为故宫博物院正式职工，在陶瓷研究室任助理研究员。此后，又分批向故宫博物院捐献过文物，加上原先的捐献，共计三千三百多件，包括陶瓷、漆器、珐琅、雕塑、佛像、家具、料器、墨、砚、竹木牙角、青铜、印玺等各个门类。曾被推选为中国人民政治协商会议第四届全国委员会委员。

1966年9月1日，在北京逝世，享年七十三岁。

二、热爱祖国

孙瀛洲先生拥护共产党的领导、热爱社会主义。对于自己无偿向国家捐献价值连城的大批珍贵文物，据他本人讲是因为受到共产党的教育启发。曾经发生过两件使他深受感动的事情，一件是孙瀛洲先生的弟弟孙蓬洲（开铁铺）有三个子女，其中一儿一女在政府的全力帮助与照顾下得以留学苏联，使孙蓬洲非常受感动，常与哥哥瀛洲谈论共产党的恩情，对孙瀛洲先生影响很大。另一件是孙瀛洲的妹妹、妹夫都曾患有严重的疾病，在党和政府的帮助下得以救治。这两件事情对孙瀛洲先生触动很大，他逐渐认识到"共产党是一个全心全意为人民服务的政党"（孙瀛洲语），而且认为自己毕生收藏的文物不是其"个人所创造和私有的，而是过去我们祖国劳动人民所创造和遗留下来的"（孙瀛洲语）。

在这种思想的支配下，1950年为支援抗美援朝，他自愿拿出一批家藏珍贵文物义卖，将所得款项全部捐献给国家。自1956年开始他又将自己毕生收藏的三千三百多件文物，全部无偿捐献给故宫博物院永久收藏，对故宫博物院的收藏起到很好的补阙和丰富，特别是一些传世稀少的文物，弥足珍贵。所捐献的二千多件陶瓷器，从晋、唐、宋、元时期各名窑到明清时期各朝景德镇御窑瓷器，自成体系，几乎无不含，其中被定为国家一级文物的陶瓷器就有二十五件，丰富了故宫博物院的陶瓷收藏。

（一）所捐赠晋唐宋元瓷器

这个时期是我国陶瓷烧造的大发展时期。晋代浙江温州一带瓯窑所烧造的"缥瓷"；唐代"千峰翠色"般的越窑青瓷；"类银似雪"般的邢窑白瓷；宋代汝、官、哥、龙泉、耀州窑等所烧造青瓷，定窑所烧造白瓷以及钧窑所烧造铜红窑变釉瓷；元代景德镇窑所烧造卵白釉、高温铜红釉、高温钴蓝釉、青花、釉里红瓷等，基本反映了这一时期的制瓷水平。

在孙瀛洲先生所捐献陶瓷中，上述各窑作品多有体现，特别是宋代官窑粉青釉盘、官窑粉青釉葵瓣口洗、哥窑青釉弦纹瓶、哥窑青釉双耳三足炉、定窑白釉葵花式洗、钧窑天蓝釉紫红斑盘以及元代红釉暗花云龙纹高足碗等，均属难得一见的珍品，反映出孙先生对这一历史时期陶瓷器独到的鉴赏力。孙先生"一向对宋代哥汝二窑很爱好"，到故宫博物院工作后的前两年，即"曾对院藏宋代哥汝窑器皿逐件进行了分析对照和研究"。对于宋代哥、汝二窑瓷器的研究和鉴别问题，他曾谈到自己体会到的较深一点是"首先要结合实物，同时还得掌握它的规律进行全面研究，只有如此研究才能得到心

新
中国
捐献文物精品
全集

领神会的理解"。

（二）所捐赠明代瓷器

明代的景德镇已成为全国的制瓷中心，从此以后，至精至美之瓷莫不出于景德镇。洪武二年（1369年），朝廷在景德镇设御器厂，专门烧造宫廷用瓷，以后各朝亦多沿袭此种制度。在历时二百多年的时间内，御器厂所创烧的瓷器品种层出不穷。特别是洪武时期的青花瓷、釉里红瓷，永乐、宣德时期的青花瓷、甜白瓷、鲜红釉瓷，成化时期的青花瓷、斗彩瓷，弘治时期的娇黄釉瓷等，久负盛名，颇受后人赞赏。

孙先生捐献的洪武青花缠枝花纹碗、永乐青花缠枝花菊瓣纹碗、永乐甜白釉暗花龙纹碗、宣德青花折枝花纹执壶、宣德鲜红釉盘、成化青花夔龙纹盘、弘治黄釉盘、正德黄地青花折枝花果纹盘、嘉靖青花鱼藻纹盘等，均堪称稀世珍品。而所捐献的一对造型娟秀、体态轻灵、胎体薄如蝉翼般的成化斗彩三秋杯，更是成化斗彩瓷器中脍炙人口的佳作。

（三）所捐赠清代瓷器

清军入关定鼎北京后，继承明代的做法，也在景德镇设御窑厂专门烧造宫廷用瓷，并选派官员至景德镇督造。特别是康熙、雍正、乾隆三朝皇帝均对瓷器烧造产生极大兴趣，曾亲自过问和指导瓷器烧造，致使瓷器的品种花样层出不穷，我国瓷器的烧造水平也逐步达到历史上的最高峰。清代御窑厂烧造的瓷器大体可分为两类：一类是仿古瓷，主要是模仿宋代五大名窑及明代永乐、宣德、成化、嘉靖等朝御窑瓷器；另一类是创新瓷，系指在造型、花色方面均运以新意的瓷器。至雍正十三年（1735年），景德镇御窑厂烧造的仿古、创新瓷器品种已达五十七种之多。尤其是康、雍、乾时期的青花、釉里红、五彩、斗彩、粉彩、珐琅彩等色彩缤纷的彩瓷，以及郎窑红釉、祭红釉、豇豆红釉、天蓝釉、厂官釉、粉青釉、米色釉、窑变釉、仿汝釉、仿官釉、仿哥釉、仿定釉、仿钧釉、仿龙泉釉、仿古玉釉、炉钧釉、浇黄釉、浇绿釉、浇紫釉、孔雀绿釉、淡黄釉、秋葵绿釉、金红釉等五光十色的颜色釉瓷，均精工细作，无不给人以美的享受。孙先生所捐献的清代瓷器，上自顺治下至宣统，历朝均有，洋洋大观。尤其值得一提的是康熙釉里红加彩折枝花纹水丞、康熙斗彩花鸟纹碗、康熙仿成化斗彩花蝶图盖罐、乾隆粉彩婴戏图碗、乾隆炉钧釉弦纹瓶等，均称得上是颇具代表性的佳作。

三、鉴定大家

孙瀛洲先生为人诚实，生活俭朴，对待工作认真负责。先生不但经营文物有方，而且还勤奋学习，刻苦钻研文物鉴定知识，尤显难能可贵。在长期从事文物收藏与研究工作中，先生逐渐积累起丰富的鉴定经验，尤其擅长古陶瓷鉴定，对宋代汝、官、哥、定、钧等名窑瓷器以及明清各朝景德镇窑瓷器均进行过细致观察、深入研究，逐步形成了高超鉴定水平，闻名海内外，曾博得"大法师""宣德青花大王"等美誉。

孙瀛洲先生在明代御窑瓷器研究方面造诣颇深，尤精于宣德时期青花瓷器的鉴定。文物界盛传孙瀛洲先生可以仅凭眼看，不用上手，或闭上双眼，仅凭手摸，就能鉴别一件宣德时期御窑青花瓷器的真伪。这种说法虽有所夸张，却也反映出孙先生在宣德御窑青花瓷器鉴定方面已臻炉火纯青之境界。

众所周知，关于永乐、宣德御窑青花瓷器的区分，一直是学术界的一个难题。永、宣两朝之间是洪熙朝，而洪熙皇帝朱高炽在位不到一年，致使永乐、宣德两朝相距很近。加之宣德皇帝基本上继承了永乐帝制定的国策，遂使永、宣两朝的社会习俗无明显改观。表现在瓷器烧造方面，由于景德镇御器厂的生产连续不断，甚至有些工匠也没更换，由此造成永乐、宣德御窑青花瓷器风格大致相同。主要表现在两朝典型御窑青花瓷器均使用从西亚进口的苏麻离青料绘画，青花色泽浓重艳丽，纹饰有洇散现象，且有凝聚的氧化铁结晶斑点。另外，这两朝御窑瓷器中还有一大批造型、纹饰相同者。由此造成永、宣御窑青花瓷器很难区分，历来有"永宣不分"之说。但据当今古陶瓷鉴定界泰斗、曾师从于孙瀛洲先生学习古陶瓷鉴定的耿宝昌先生回忆，早在20世纪前半叶，孙先生就能从造型、胎釉、青花色泽、纹饰风格等方面逐一指出永乐、宣德御窑青花瓷器的区别：永乐御窑青花瓷器的胎体较为轻薄，造型显得俊秀，青花色泽清新艳丽，图案线条更加纤细挺劲，釉面泛青的程度较轻；而宣德御窑青花瓷器则胎体略显厚重，造型较为丰满，青花发色浓艳，洇散较重，绘画笔触粗犷豪放，釉面泛青较重，并泛轻微的橘皮纹。这一研究成果后来得到多方面印证，至今仍被作为区分永乐、宣德时期御窑青花瓷器的重要依据。

1956年受聘到故宫博物院工作后，孙先生对院藏古陶瓷的整理、鉴定及收购等工作，均表现出高度的责任感。面对故宫博物院收藏的数以万计的陶瓷藏品，他更是感到如鱼得水，求知的欲望可谓如饥似渴。他竭力施展自己的才华，带领故宫博物院陶瓷组的工作人员，对院藏陶瓷进行了重新鉴定，并协助故宫博物院为国家抢救性收购了大量文物珍品。而且还曾应邀帮助上海、广东、天津、保定等地博物馆鉴定陶瓷，受到人们的广泛赞誉。

谈到受聘到故宫博物院工作，孙瀛洲先生曾说过自己"活到六十多岁，没想到还能为人民做一点儿事，内心是很乐意接受这一工作，并愿意把我几十年在文物认识上的一点儿经验贡献给祖国的古文化事业"。在业务上，除了自己争取精益求精以外，还热心培养、帮助青年同志，经常主动、耐心地向他们传授古陶瓷鉴定经验。有时生病在家休息，还生怕浪费时间，不忘邀请学生到家中听他传授文物鉴定知识，深受青年同志的爱戴和敬仰。当年得到孙先生真传的弟子后来分布在全国各地，如今大都成为古陶瓷鉴定领域著名的专家、学者，特别值得一提的是孙老为国家培养出了耿宝昌先生这样当今古陶瓷鉴定领域的泰斗。至今一谈到孙老，凡与孙老共过事的老一辈文物工作者莫不肃然起敬，无不感到在与孙老相处的日子里，在学习如何做人、如何做学问方面获益匪浅，受益终生。

四、潜心治学

孙瀛洲先生一生勤奋好学、笔耕不辍。他治学的最大特点是主张谦虚谨慎、理论联系实际，反对臆测。

在故宫博物院陶瓷组工作人员的协助下，孙先生曾将自己在古陶瓷鉴定方面的经验进行总结、发表。先后在权威刊物上发表了《谈哥汝二窑》（《故宫博物院院刊》1958年第1期）、《明嘉靖青花加彩鱼藻罐》（《文物参考资料》1958年第12期）、《成化官窑彩瓷的鉴别》（《文物》1959年第6期）、《我对早期青花原料的初步看法》（《文物》1959年第11期）、《试谈明代永乐宣德景德镇官窑瓷年款》（《故宫博物院院刊》1960年第2期）、《元卵白釉印花云龙八宝盘》（《文物》1963年第1期）、《瓷器辨伪举例》（《文物》1963年第6期）、《元明清瓷器的鉴定》（《文物》1965年第11期）、《元明清瓷器的鉴定（续）》（《文物》1966年第3期）等有关瓷器研究及鉴定的论文九篇。另有未刊发的遗稿《论古月轩瓷器》一篇。文章中所归纳的鉴定经验，既通俗易懂又方便实用，至今对古陶瓷鉴定仍具有重要的指导意义。尤其是他在当时联系实际所得出的一些有关鉴定方面的理论，经受住了历史的检验，对于今天学习古陶瓷鉴定的人来说不可不知。

例如他在《元明清瓷器的鉴定》一文中谈道："元代琢器表里釉多不一致，而且常有窑裂、漏釉、缩釉、夹扁的缺陷；永乐白釉器皿的口、底、边角与釉薄处多闪白和闪黄色，釉厚聚出则闪浅淡的豆青色，并且琢器的表里釉多均匀一致；康熙郎窑红釉则有所谓'脱口垂足郎不流'以及米汤底、苹果青底等特征。这些都是后世难以仿效之处。"今天我们得益于便利条件，面对比当年孙老见的还要多的元代、明代永乐、清代康熙瓷器，检视孙老的结论，发现仍符合实际。

成化御窑斗彩瓷器是明代御窑瓷器中的名品，其造型娟秀、胎质洁白细腻，釉质莹润如玉，彩料精细，画技高超，器物表里精致如一，故自明代晚期以来，深受人们喜爱，也致使仿品大量出现，给鉴定成化斗彩瓷器带来很大困难。孙瀛洲先生在进行深入细致研究基础上，撰写了《成化官窑彩瓷的鉴别》一文，向人们讲述了鉴定上的一些窍门，使人茅塞顿开、受益匪浅。在施彩技法方面，孙先生说："成化的彩瓷，只有平涂，分浓淡，而不分阴阳，无渲染烘托彩，老少人物的衣服只绘单色的外衣，无其他内衣做衬托，所以有'成窑一件衣'的说法。"在谈到明代后期及清代仿制成化御窑斗彩瓷器时，孙先生说："这些色彩（笔者注：指除差紫彩以外），在明清二代的官民窑中仿制得好的可以乱真，但只有差紫一色没有仿制成功……可以肯定地说，凡带差紫色的成彩绝为真品。"在利用款识鉴定成化官窑瓷器时，孙先生的看法是："对于成化款识的真伪不能决定时，可以用放大镜在强光下照视，成化款或天字款上都显有一层云朦，有气泡如珠，字的青色晦，胎体透杏黄或微黄色。康、雍、乾时期的仿品虽然在调配颜色、年款的写法上很近似，但在放大镜下可以看出云朦淡，气泡不匀，字的青色涣散，胎色透微黄或白色闪青，底足釉砂相连处少微黄色。"这些从毕生实践中提炼出的精辟、独到的见解，通俗易懂，非常实用，被人们所津津乐道。迄今为止已公布的传世和出土的成化御窑斗彩瓷器和明清时期仿造的成化御窑斗彩瓷器实物资料，比孙先生所处时代丰富了许多，但事实证明，上述孙先生所给出的结论并未过时，仍具有重要的现实意义。

在谈到鉴定陶瓷器的经验时，孙先生说："在鉴别任何朝代的陶瓷时，都要从多方面仔细观察，万不可以其中有几处类似的特征便妄断真伪，轻下结论。"他主张"坚持三心（虚心、恒心、信心）、三多（多看、多比、多问）"。事实证明这也是今人学习文物鉴定所必须遵循的原则。虽然孙先生在文物鉴定领域德高望重，而且文物鉴定水平有口皆碑，但他始终保持低调做人、脚踏实地，从不摆专家的架子。他经常强调做学问一定要谦虚谨慎，不能浮躁，讲话要留有余地，世上无绝对的事，没见过不等于没有，不能妄下结论。为了便于初学者尽快掌握从款识方面鉴定明清御窑瓷器的方法，孙先生经过反复推敲，将自己在这方面的鉴定窍门编成歌诀。这些歌诀合仄押韵，朗朗上口，便于记忆，且有很强的实用性，可谓一字千金，故深受人们欢迎，获得人们交口称赞，曾被广泛引用。

如关于永乐御窑瓷器年款歌诀为：

永乐篆款确领先，印刻暗款凸凹全。

压杯青篆在内心，不是确知不胡言。

第一句话是说永乐御窑瓷器上所署篆体"永乐年制"四字年款，开明代御窑瓷器上署正规年款之先河。第二句话是说对于永乐御窑瓷器上模印和刻划（锥拱）"永乐年制"四字年款，模印款笔画凸起、刻划款笔画凹进，这两种款均在釉下，故称暗款。第三句话是说永乐御窑青花缠枝莲纹压手杯上的青花篆体"永乐年制"四字年款署在杯的内底。第四句话是说永乐御窑瓷器上的年款只有通过实践了解才有发言权。

关于宣德御窑瓷器年款歌诀为：

宣德年款遍器身，楷刻印篆暗阳阴。

横竖花四双单无，晋唐小楷最超群。

第一句是说宣德御窑瓷器上所署年款的落款位置不固定，除了常见的署在器物外底，还见有署在器物内底、盖内、器内腰部、器外口边、颈部、口沿下、外腰上、肩上、流上等，故曰"宣德年款遍器身"。第二句是说宣德御窑瓷器上所署年款的形式多种多样，既有以青花料或釉上彩书写款，又有刻划（锥拱）、模印款。"大明宣德年制"六字款均为楷体，"宣德年制"四字款既有楷体也有篆体。模印款笔画凸起、刻划款笔画凹进，这两种款均在釉下，故称暗款。第三句是说宣德年款既有六字和四字一排横写款，又有六字一行、六字双行、六字三行、四字双行竖写款。款外有围以花瓣或锁字锦纹者（所谓花心署款），有围以四重边栏者（即双方框外复加双圆圈），有围以双圆圈者，有围以单圆圈者，也有无边栏者。第四句是说宣德年款中有一种字体最为优美的模仿晋唐小楷书法风格的六字双行款，其笔画工整，字体清秀、遒劲，像写在宣纸上那样自然大方。

关于成化御窑瓷器年款歌诀为：

大字尖圆头非高，成字撇硬直倒腰。

化字人七平微头，製字衣横少越刀。

明字窄平年肥胖，成字一点头肩腰。

第一句是说款识中"大"字之第二笔撇画的出头有尖有圆，但并不太高。第二句是说"成"字第五笔的撇画直而生硬，第三笔则有直立向下者，也有向右方弯倒者，写成"コ"或"⊃"。第三句是说"化"字的"亻"及"匕"上端持平，或高低差别不大。第四句是说"製"字下半部"衣"字之横画一般不越过右方之立刀，"製"字大多上丰下敛。第五句是说"明"字左边的"日"多是上窄下宽或上下宽窄相同，与一般习惯写法不太一样。"日""月"头部则基本持平，高、低差别不大。第六句是说"成"字末笔的点，有点在横画以上的（正常写法，即头部），有点在与横画持平部位的（即肩部），有点在横画以下的（即腰部）。

关于成化御窑瓷器上"天"字款的歌诀为：

天字无栏确为官，字沉云朦在下边。

康雍乾仿虽技巧，字浮云淡往上翻。

第一句话是说成化御窑斗彩罐外底中心所署青花楷体"天"字款，虽外无边栏，但确为官窑（御窑）制品。第二句是说如用高倍放大镜观察成化"天"字款的笔画，可以发现釉内气泡密集，笔画下沉，笔画上像是蒙了一层云雾。第三句是说清代康熙、雍正、乾隆时期都仿制过成化斗彩天字罐，且仿技高超，但若用高倍放大镜观察仿品上所署青花楷体"天"字，则会发现釉内气泡稀疏，笔画漂浮不沉。

关于正德御窑瓷器年款的歌诀为：

大字横短头非高，明字日月平微腰。

正字底丰三横平，德字心宽十字小。

年字横画上最短，製字衣横少越刀。

第一句是说"大"字第一笔横画写得比较短，第二笔撇画出头不太高。第二句是说"明"字左边的"日"和右边的"月"头部基本持平，高、低差别不大。第三句是说"正"字外观上宽下窄、三横平行。第四句是说

"德"字右边的"心"写得较宽、"十"写得较窄。第五句是说"年"字三横自上而下逐渐变长，最上边的横画写得最短。第六句是说"製"字下半部"衣"字之横画一般不越过右方之立刀。

正当孙瀛洲先生在故宫博物院陶瓷组工作人员的协助下，加紧整理发表自己的鉴定知识时，不幸遭遇"文化大革命"，加之先生年事已高，颇感力不从心。先生不幸逝世后，那篇备受人们称道的《元明清瓷器的鉴定》也只能中途作罢，使人倍感惋惜。我们今天所看到的1966年孙先生发表的最后一篇遗作《元明清瓷器的鉴定（续）》的最后两个字是"待续"，这不仅是今天广大古陶瓷研究者的憾事，恐怕也是孙先生一生中最大的憾事。

笔者深信，广大文物工作者和收藏爱好者通过参观故宫博物院为纪念孙瀛洲先生一百二十周年诞辰而举办的孙瀛洲捐献文物精品展，定会感慨良多、受益匪浅，也一定会被孙瀛洲先生高尚的品格所感染。

孙瀛洲先生从收藏文物、研究文物逐步成长为一名享誉海内外的文物鉴定大家，是其热爱文物、勤奋好学、孜孜以求的结果。特别是孙先生最终将自己一生积累的价值连城的收藏和无法估价的鉴定知识都无偿地献给国家，反映出先生高尚的情操，为收藏界树立了榜样。在当前文物收藏和拍卖持续升温的情况下，我们纪念和宣传孙瀛洲先生，显得更有意义。

父亲孙瀛洲的衣食住行

孙文雨

父亲孙瀛洲的慷慨捐赠和节俭的生活有天壤之别。

衣　在我的记忆中，他的原则是大孩子穿新，二孩子穿旧，他自己也舍不得穿。像他的身份，夏天穿罗大褂，可他只有一件，我妈说他中午回家午睡，把大褂洗了，如晒不干，他下午急着穿，我妈就烧烙铁把大褂熨干。冬天他有一件水獭领、面儿是礼服呢的皮大衣，和一顶火车头式的水獭帽子，这是他最讲究的礼服。这件衣服不是他量身定做的，而是从估衣店买回来的二手货。他参加工作以后完全有能力买一件新的短大衣，但是他舍不得，而是把新中国成立前他穿过的一件咖啡色的毛呢长夹袍拿到灯市口的一家西装店改成一件短大衣，里子和面料不用买，只花手工钱，他多么会精打细算。

食　我们家分大灶、中灶、小灶三个等级。小灶是我奶奶吃，她没牙，吃流食，大都以鸡蛋为主，搭配各种营养，我奶奶活到近一百岁过世，我爸是个大孝子。中灶是我爸爸一个人吃，他是贫农出身，爱吃乡下饭，如小米粥里煮杂面条和白菜，这是他的美食。他没得糖

新
中国
捐献文物精品
全集

尿病之前每顿饭还要喝两小杯白酒，下酒菜是花生米和煮毛豆。我妈单给他炒菜，爆羊肉、汆丸子、炖牛肉，这是他最爱吃的。大灶就是我妈和孩子们，全是粗茶淡饭，主食粗粮，以窝头为主，米饭是大米、小米合在一起的二米饭，如果吃纯白米饭，他告诉我们说："你们这是在吃珍珠啊。"因为窝头是家常便饭，所以吃白面馒头时，孩子们就一边吃一边"收藏"。菜有自家腌的雪里蕻、水疙瘩。腌过菜的咸汤到了春天还要用一口铁锅在火上把水分熬干，那些盐到秋天再用来腌菜，才不暴殄天物。初一、十五吃犒劳，炖肉，给孩子改善伙食，一个孩子一份肉，肉汤粉条熬白菜随便吃。我爸说："孩子们吃的日子在后头呢。"

住 就是前厂胡同11号这座"四破五"的小四合院，我奶奶健在时，这院子也曾经是四世同堂，也曾经是个和谐的小院。

行 父亲去敦华斋古玩铺的主要交通工具是两辆旧自行车和一张电车月票。我父亲很少坐洋车，更别说小汽车了。有一次他从上海回来，我们去前门火车站接他，那是冬天的一个晚上，我们等电车，脚都冻木了，在原地踏步跺脚，他都不舍得叫辆洋车把我们拉回家去。古玩行里有身价不如他的掌柜的，家里都有包月车，可我们家里没有。

妹妹患小儿麻痹，走路不方便，我爸就叫我背着她上学。从我家前厂胡同到八面槽惠我小学，要穿过同福夹道到灯市东口，然后过一条马路，再往灯市西口背，再穿过一条马尾巴胡同，才到椿树胡同，还要往西再走半条胡同才到惠我小学，一背就是两个学期。如果不是他那么节俭，家里有辆包月车，我也就不必这么辛苦了。

物尽其用　可以再利用的东西，他绝不轻易地丢弃。捆过东西的绳子，如麻绳、纸绳和麻筋，不管多长多短，他都叫柜上的徒弟把它们一个一个地缠成小把，集中放在大古玩青花瓶里，随用随取。

过去古玩店是用鸡毛掸子打扫卫生，脱落下来的每一根鸡毛他都要捡起来放到一个古玩瓶里，攒多了拿回家去，我奶奶坐在炕上用胶水和麻线再把它们绑到用秃了的藤子棍儿上，又是一把可以继续使用的新掸子。

拣煤核儿。冬天这小院里各屋都是用洋炉子取暖烧硬煤，烧不透的煤核儿一定要拣出来再烧。

节俭是他的美德，当时我们都觉得他太小气。但是，他对故宫可大方了，在他把三千多件珍贵文物捐给故宫以后，家里还有四把刻工精细的紫檀木太师椅，在北屋摆得好好的，他说这四把椅子是清代贡做的，太难得了，因此又把它们送给了故宫。这能说他小气吗？

忆我的父亲孙瀛洲

孙文冬

难忘的寻根之旅

北京到河北冀州坐汽车仅三小时。为参加2013年5月7日冀州市政府举办的先父孙瀛洲纪念馆奠基仪式，5月5日我专程从香港飞抵北京，翌日再转乘汽车赶赴冀州。汽车奔驰在宽阔平坦的国道上，两旁一望无际的麦田、桃园飞快闪过，离冀州越近，心情越不平静。古稀之人，这将是我第一次踏上先父的出生地，我多么急切地想看看它呀！

在香港做普通话老师二十余载，每次向学习普通话的香港大学生或公务员做自我介绍时，我都会说："我是北京人，能说一口标准的普通话。"祖籍冀州似乎和我挂不上钩儿，它离我太远了。要不是专程来参加这个奠基礼，我从没想回冀州老家看看。

感谢冀州政府的热情邀请和盛情款待，我参加了奠基礼，参观了父亲的故居，与父老乡亲交谈。我了解了冀州，走近了父亲，我才开始深入地思考："我是哪儿的人？"

冀州有四千余年的悠久历史，这是一片文化厚土。

小时候，我只是用拆字法记下了这个笔画那么多的
"冀"字是由"北""田""共"组成的。而它是古代
"九州之首"，河北省简称"冀"来源于此，以及它深
厚的历史文化底蕴孕育的冀州精神——"崇文重商、大
气谦和、自强不息、敢为人先"，我却知之甚少，更没
把父亲的一生业绩和冀州连在一起。

奠基礼圆满成功。仪式结束后，我站在冀州城楼
下面，望着那块为先父纪念馆奠基的白色基石，思绪
万千，浮想联翩……

一百二十年前，就在我踏足的这块土地上，父亲在
一个贫苦农家的土炕上出生，他喝着衡水湖的水长大。
他熟悉冀州的一草一木，道路河湖；他说着冀州的方
言，遵从着这里的风俗习惯。冀州是他生命的起点和摇
篮。十三岁背井离乡北上京城闯天下，后来成了蜚声海
内外的古陶瓷收藏家、鉴定家和捐赠大家，而这些都和
冀州的文脉和商脉息息相关，紧密相连。我终于明白
了，他在北京四合院生活了六十年，为什么仍保持着冀
州的风俗和习惯；我终于明白了，为什么他不在北京

为我祖母买下墓地，而要冒着数九严寒亲自护送我奶奶的灵柩到冀州安葬；我终于明白了，为什么他多次叮嘱家人，立下了死后"回到家乡"长睡在我奶奶脚下的遗愿。家乡冀州，才是他魂牵梦绕的故土，才是他精神的家园。他的生命注定是属于冀州的，他是冀州人。

5月7日下午，在参加冀州举办的孙瀛洲藏品艺术研讨会上，难抑激动之情，我做了即兴发言，结语："我是孙瀛洲的女儿，我生在北京，我的根在河北冀州。回香港后我要这样告诉我的学生。"

北京城里的乡下人

四合院中的三铺砖炕

1945年日本投降前，我家从东城本司胡同搬到新盖好的箭厂胡同7号（后改为前厂胡同11号），这是座面积近三百平方米的小四合院儿。记忆最深的是北屋、东屋、西屋的里屋靠窗处，都有一个大砖炕，占了屋子多一半面积，和北方农村的"一间屋子半间炕"无异。炕下面有个洞，里面放着一个带轱辘的小火炉子，是为冬天烧煤"暖炕"用的。记忆中我从没见到过小铁炉里生过火。奶奶住北屋，东套间沿墙摆放两个红漆羊皮箱，上面放着被褥。那时同学到我家玩儿，看到屋里的大砖炕很奇怪，说某某同学家睡的是席梦思，我会打趣地说："我们全家都睡'东'梦思。"

在香港教学生认读"炕"这个字时，学生感到困难的不是读音，而是不知炕为何物。他们从没见过，更没睡过这北方用砖、土坯砌成的炕了。我会用自己多年睡炕的经历向学生讲述炕的故事，他们听得津津有味。

一盘小石磨

我家院中有一盘专磨黄豆的小石磨。是用两个圆石盘制成的，下面的石盘和石槽相连，石槽上有个嘴儿，磨出的粥状黄豆糊就会顺着这个嘴儿流入容器中。磨豆、熬豆浆、点豆腐的活儿自然是母亲的。她左手用勺儿把泡涨的黄豆放入孔中，右手紧握石盘上的木柄按顺时针的方向有节奏地转动着磨盘，两手动作是那么协调，那么熟练。制作出的新鲜豆浆和嫩滑的豆腐自然是先尽着奶奶和父亲享用，那豆腐渣呢，就是母亲和我们这些孩子的美食了。记得我们还给炒豆腐渣取了一个好听的名字——炒雪花儿。六十多年前那炒豆腐渣的味道早已忘记，但那小石磨却永留在记忆中，父亲不知喝了多少用这小石磨磨的豆浆呢！

我家的大缸小坛

我家院中有大小缸、坛多少个，我从没数过。厨房自来水管子下面有一口大水缸；北屋西套间有装粮食用的米缸；院子东西屋外墙根儿还有几个坛子，有专给奶奶、父亲腌鸡蛋用的坛子，其余的都是腌咸菜用的坛子：腌芥菜疙瘩、腌雪里蕻、激酸菜、接辣菜（家乡菜名）、泡泡菜都用这些坛子。母亲还用这些坛子，为父亲及家人酿制黄酱和果醋呢！

粮仓的故事

说到米缸，一定得说说"粮仓"的故事了。父亲有个徒弟，家里人在通州种地，每年秋收后，父亲就从他们家买好多粮食。套上大马车拉回家，好多袋粮食堆放在北屋西套间里，有小米、黄豆、玉米粒等，这套间俨然就成了我们家的粮仓。放在袋中的玉米粒，还不时取出些拿到邻近报房胡同的磨房里磨成玉米面或玉米糁儿，待家中蒸窝窝头、烙贴饼子、熬棒糁儿粥用。父亲持家能省即省，能俭就俭，"粮仓"故事可见一斑。

一架纺车

我们家中还有一架纺车，可能是当年从冀州带到北京来的吧。这纺车可不是家中的摆设，它车架、轮叶、锭子齐全，真正能纺纱，能合线。当年，大娘坐在炕上，右手摇动纺车轮，左手拇指和食指间轻捏的棉花条就会变成匀净的棉纱，缠绕在旋转的锭子上，再用纺出的棉纱合成线缝缝补补。另外，还可以把线打成绳，纳鞋底，绱鞋用。这架纺车后来被我爸爸一个徒弟借走了，他是中国青年艺术剧院的一位负责人，剧院演出《白毛女》缺纺车这个道具，这也算是给纺车安排了一个好的归宿吧。

回想起以上这些生活片段，我对父亲有了深一层的认识：我觉得他就像生活在北京城里的乡下人，父亲几乎把老家冀州的生活端到北京来了。想想他这辈子，吃的是粗茶淡饭，穿的是家常裤褂，节衣缩食，勤俭持家。这自然和他的穷苦出身有关，有了钱成了大古董收藏家，他勤俭的生活习惯却一生未改。母亲说："你爸爸对自己对家人特别'抠儿'，他攒的钱都买古玩了。"可以说他做的是富人的生意，过的是平民的生活。

父亲与我

我出生那年，父亲快五十岁了，我是他的第五个孩子（有两个姐姐夭折），按存活下来的排序，我就行三了。可能是年龄差距太大，加之他脾气暴躁，对子女严厉有加，从小我对他总有一种敬畏感，在他面前总有些局促不安。每天他出门儿到柜上（敦华斋古玩铺）上班，家里便成了孩子们的乐土。可他一回家，听到他那一声咳嗽，说笑声会戛然而止，整个院子的空气变得很凝重，孩子们悄悄地回屋了。

一岁半，我患小儿麻痹，父亲请大夫治疗，效果不佳。六岁那年，他请了最好的医生给我做了腰腿肌膜扩张手术，当时我趴在石膏床上，动弹不得。父亲到医院看我，凑到我耳边小声说："小冬，别怕疼，花多少钱我都要给你治好腿。"手术后，我可以站立，并且一瘸一拐地走路了。记得出院前他还带我到医院的假山石那儿玩了一会儿。后来父亲又请了制作假肢的专家为我定做了一副钢支架，让我走得更稳更安全些。

上小学却让父亲犯了愁，不知为什么市立小学不收残疾儿童。姐姐当时就读私立惠我小学（现王府井天主教堂旁），父亲跟当校长的修女说了我的情况，那位美国修女出于对我这个残疾孩子的怜悯收下了我。我只给她深深鞠了一大躬就成了惠我小学一年级学生了。父亲犹如放下心头大石，叮嘱我说："小冬，你能上学不容易，得好好念书呀！"我记住了他的话，一到四年级每年我都拿第一，还获得了免交学费的奖励。当时私立学校的学费很昂贵，记得父亲看着我的分数单，露出了很少见到的笑容。我深知他挺为我这个品学兼优、要强上进的女儿自豪的。

小学五年级，我考上了史家胡同小学，戴上了红领巾，还当上了小队长。一次要到中山公园过小队日，量度五色土的面积。事前准备好的四个指南针，被母亲不小心碰到地上，摔裂了指南针上的玻璃。我急得哇哇大哭。父亲得知后赶快买了四个回来，像变魔术般地把四个新指南针摆放在我面前，我马上破涕为笑了。

还有一次，为班里买东西，售货员把发票用纸绳捆在包裹上，因绳勒得过紧，发票已破损，打开包，我随手就把发票扔在地上。父亲严厉地批评我："为大家办事，买了东西必须有一个清楚的交代。"我捡起了发票，用糨糊把它粘好。回到学校对老师和同学做了清楚的交代。

好习惯的养成对孩子非常重要，就拿拆信封这件小事为例，父亲从不用手撕信封口，一定要用剪刀沿封口边小心地剪开，他说撕信封容易把里边的信纸撕坏，信件又不美观，他这样要求家人，直到今天我仍保持这个好习惯并且还把它传给了我的孩子们。

我和父亲一起生活了二十四年，直到我结婚离开家。回想这漫长的岁月，我享受了他无尽的父爱。他的好品德影响了我一生。

古玩大家的小故事

一双"神眼"

父亲一生走的是一条自学成才的道路，他天资聪敏，勤奋好学。他没正式读过几年书，可在他"从学徒到经营者到收藏家再到文物鉴定专家"这条漫漫的人生路上，凭借刻苦和毅力，终于登上文物大家这个高峰，个中艰辛可想而知。

父亲在他生命中的最后十年笔耕不辍。每天从故宫回到家，就趴在桌上写他的论文，直到夜半。那行行蝇头小楷是他毕生鉴定文物的理论总结，发表在各个刊物的论文及高度精练的口诀歌，广被征引，天下流传。

我对文物几乎是一窍不通，只是帮父亲抄写过许多论文稿件。

有一次，我给他抄写稿子，他跟我说："如果我站在北屋，有一个人拿着瓷器在南屋一晃，我就知道是真是假。你爸爸就有这种眼力！"话语中充满了自信与自豪。"晃"，而且还有一段距离，瞬间父亲就能辨出真伪，多么神奇！父亲在古玩行摸爬滚打数十年，已练就出一双锐利的"神眼"，鉴定水平已至炉火纯青、出神入化的境界。就是靠着这双"神眼"，他收集了大批罕见的珍品；就是靠着这双"神眼"，他带领着鉴定小组对故宫库藏的约三十万件瓷器进行断代研究、纠正错误、去伪存真，顺利地完成了这项艰巨的鉴定工程。他这双"神眼"还为上海博物馆、广东省博物馆做出过贡献。

"病人的痛苦"

我珍藏着一本父亲1957年至1964年写的札记。主要记载这八年中鉴定古陶瓷的经验和理论，也有一些工作日记、会议记录等。

最感动我的是在这本札记的首页上，用醒目的较大字体写着"病人的痛苦"五个字，整页内容仅六十二个字："57.12.26，在库房鉴别文物局突击收进文物，仿造新品检出二百多件。因工作很忙我脱了大衣工作而受感冒，至58.1.19，才为好转。"那时父亲已是六十四岁的老人，仍在忘我地工作，这场感冒持续了近一个月才好转，尚未痊愈，他忍受着疾病缠身的苦痛，坚持工作直至完成。可以想象当时他写下"病人的痛苦"这五个字时的心情。

故宫鉴定专家、先父的学生李辉柄先生在《明清瓷器科学鉴定的奠基人》一文中写道："孙瀛洲先生终其一生以强烈的事业心、高度的责任感与严谨的治学态度为保护祖国的文化遗产做出了巨大的贡献。"从先父这仅有的札记中可得到充分的印证。一想到先父的那种事业心和责任感，我在教学工作中一点儿也不敢怠慢。

甘为人梯的崇高师德

先父在1958年订的"红专计划"中第三条是这样写的："愿将我数十年的业务知识毫不保留地贡献给青年同志。"他是这样说的，也是这样做的。

现已是古陶瓷鉴定专家的叶佩兰大姐，当年还梳着两条辫子，念及先父的师教之恩，曾对我说："孙老一点儿不自私自利，不把自己的经验当成私有财产。他虽然从旧社会来，可不保守，就是一心一意地想我们大家学好。在库房里，他一边看货，一边耐心地向我们传授他的经验。最让我感动的一点是他对我和王莉英（现古陶瓷鉴定专家）说：你们要好好学习，将来你们就是新中国的第一批女陶瓷专家。"两位大姐都没辜负先父的期望，已成了大名鼎鼎的陶瓷专家。先父所爱的陶瓷事业后继有人。

我是孙瀛洲的女儿，是千千万万教师中的普通一员。父亲的传统优良品德影响着我，鼓励着我，也鞭策着我。

在京港教书五十余载，如今亦算桃李满京港。我像父亲那样热爱自己的工作，把推广普通话和传播中华文化视为己任；我像父亲那样热爱学习，永远把自己当作小学生；我像父亲那样热爱自己的学生，愿把自己的知识与人生经验全部传授给他们。

和父亲相比我非常渺小，父亲是"沧海"，我只是

"沧海之一粟"。

父亲与故宫　故宫与父亲

1956年父亲受聘于故宫，专门从事古陶瓷的鉴定研究工作。曾带领鉴定组人员，对故宫库藏约三十余万件瓷器进行断代研究。他把一生积累的渊博学识、丰富的鉴定经验奉献给了故宫。他不仅是公认的明清陶瓷鉴定大家，享有"宣德青花大王"的美誉，而且还是宋元陶瓷研究的开创者和明清瓷器科学鉴定的奠基人。他从院藏陶瓷中鉴别出了过去一直未被认识的汝窑盖罐及多件官窑、哥窑瓷器等恒世珍品。

父亲生前为故宫和全国陶瓷界培养出一大批鉴定大家，其中既有长期活跃在海内外堪称古陶瓷鉴定大师级的专家耿宝昌先生，也不乏为数众多、各领风骚的古陶瓷研究方面的中青年栋梁之材。父亲和他门下几代弟子的为人、学风和成就，已成为中外文物研究界令人瞩目、令人敬仰的卓越学术群体。

父亲把毕生的珍藏捐给故宫，把生命中的最后十年奉献给了故宫。前院长郑欣淼先生说："孙先生在故宫工作期间，对院藏陶瓷重新进行了系统鉴定，并为故宫博物院和全国陶瓷界培养出了耿宝昌等一批陶瓷鉴定大家，为故宫博物院的陶瓷研究奠定了坚实的基础。"

而故宫博物院这座世界级的博物馆又给了父亲施展才华、奉献祖国的一个大舞台。是故宫聘请他做研究员，使他成为一名国家干部；是故宫推荐他，当选为第四届全国政协委员，使他的社会地位、政治地位得到空前的提高；是故宫让父亲在这个大舞台上率领同事们为数十万件库藏进行研究鉴定，使他的科学鉴定方法能在实践中得以运用；是故宫派遣父亲到上海博物馆、广东省博物馆、河北省博物馆为它们的馆藏进行鉴定，支援它们的工作。在故宫这个大舞台上，他为弟子言传身授，传道解惑。丰厚的积累，使他得以撰写并发表了数篇精辟阐述文物鉴定与辨伪的论文，蜚声业界……

父亲与故宫、故宫与父亲是血脉相连，息息相关，不可割舍的。他是一个真真正正的故宫人。

无我之境
——父亲捐献明成化斗彩三秋杯那一幕

父亲，为文物而生，母亲说父亲是嫁给了文物。

文物记载着民族的文化，没有文物，也就没有民族的象征，民族也就成了无根之木。父亲是文物的守护者，他倾毕生心血购藏了大批高质量的文物精品，包括陶瓷、青铜、珐琅、漆器、雕塑、文具等诸多种类。

1956年至1965年，父亲凭着对祖国优秀文化遗产无限热爱的赤诚之心，把珍藏的三千余件各类文物慷慨地捐赠给故宫博物院，其中捐赠的两千多件陶瓷珍宝中，有二十五件被定为国家一级文物。达到了文物大家的最高境界：这些文物是中华民族的，它理应回到中华民族的怀抱。这就是"宣德青花大王"的民族之德。父亲是捐赠故宫文物数量最多、质量最高的人。这些珍品对充实故宫博物院的收藏起了重要的作用。父亲捐赠的一级文物中，首推的是明成化斗彩三秋杯。这不禁使我想起五十七年前的那一幕。

1956年，我还是个戴着红领巾的初中生，我知道捐赠文物是家中的大事。那些日子，家里来了不少人，对要捐的文物在北屋登记造册。故宫的吴仲超院长也经常来我家和父亲交谈。他见到我们小孩子总是用略带南方味的普通话跟我们打招呼，我们也非常恭敬地叫一声："吴院长，您来了！"家里热闹了一阵子后，故宫该来装箱了。前一天晚饭后，父亲把全家叫到东屋里间，他站在炕上，在摆放着几百盒要捐给故宫的珍贵文物中，拣出了一个精致的盒子打开，小心翼翼地拿出两个小瓷杯给全家看。我根本不懂古玩，只依稀记得杯子很小，上面有蝴蝶、花儿，瓷很薄。他对全家说："这对三秋杯我要捐给故宫，你们还没有见过，现在就让你们看一眼，以后在咱们家里就看不见了。"视古玩如命的父亲是从来不会让家人看他的宝贝的。记得他说话时脸上带着微笑，甚至充满了自豪。他把最珍贵的东西给了国家，现在想来，那也正是家乡冀州"敢为人先"精神的生动体现吧。

时隔近五十年，在我已年过花甲之时，在迟来的孙瀛洲捐献陶瓷展（2003年在故宫举行）上，我又一次和这对稀世珍宝明成化斗彩三秋杯重逢了。我伫立在橱窗前凝视这对父亲捐赠的故宫镇馆之宝，听着他的弟子、现已成为海内外著名文物专家的耿宝昌先生的介绍，他说："这对杯子全世界只此一对，绝无二双。"这时我才真正知道了这对杯子的珍贵，父亲爱国精神的伟大。想到四十七年前他站在家中东屋炕上向全家展示三秋杯那一幕，对父亲的崇敬之情油然而生。

我家的1972与1980

父亲死后，母亲被赶到小东屋住。家被抄得空空如也，父亲住的屋已成了街道革命委员会开会的场所。西屋、南屋都住进了外人。

母亲生活很困难，她帮我带小孩，我们祖孙三代相依为命，艰苦度日。1972年母亲给毛主席写了信。得到毛主席的批示，为我家落实了政策。

1976年10月，粉碎"四人帮"，我国进入改革开放的新时代。故宫吴仲超院长、国家文物局王冶秋局长都重回原来的领导岗位。1980年7月30日，在父亲辞世十四年之后，故宫博物院在八宝山为先父举行了隆重的追悼大会。中国共产党中央统战部、全国政协、故宫博物院都敬献了花圈。数百名故宫员工参加了追悼会。吴仲超院长、王冶秋局长等领导关切慰问我母亲。

这个追悼大会，是告慰死者在天之灵，也是抚慰生者——他的妻子、儿女及亲属的大会。

终于雨过天晴了。父亲的骨灰被安放在八宝山革命公墓。母亲作为全国政协委员的遗孀，每年都被邀请参加全国政协举办的春节茶话会。国家领导人习仲勋、康克清还亲切地接见了母亲。

爸爸，单院长来咱家看您来啦！

2013年5月7日参加完河北冀州政府举办的孙瀛洲纪念馆奠基仪式，驱车回北京，准备返港上课，忽接故宫来电，5月10日故宫博物院单霁翔院长要来家造访。赶快请假，与家人准备迎接单院长。

10日下午3时许，单院长、冯乃恩副院长、院长助理娄玮先生及房屋修缮部门的有关同事来了。

院长一行看了父亲辞世四十七年后已面目全非的小院儿，询问了有关情况。我们家属还特别对大型纪录片《故宫》"陶瓷篇"中，没有说明故宫镇馆之宝"明成化斗彩三秋杯"是父亲捐赠一事，向单霁翔院长提出了疑问。单院长答应一定会在纪念孙瀛洲一百二十周年诞辰、孙瀛洲捐献文物精品展活动中大力宣传明成化斗彩三秋杯。

最感人的一幕是，单院长一行到先父居住的房间，看到先父曾坐过的太师椅、写字的八仙桌……当看到摆放在桌上父亲的遗像时，对同事们说："咱们给孙老三鞠躬吧！"客人列队排成两行，恭敬地鞠了三个躬。我站在后面也跟着鞠躬，热泪已充满眼眶。"爸爸，您看见了吗？单院长来咱家看您来啦！"

在这座小院里，我见过了两任故宫的院长，1956年父亲捐献时的吴仲超院长，还有五十七年后，2013年5月10日见到的单霁翔院长。

在故宫，单院长宴请河北冀州参加先父纪念馆奠基仪式的人员及孙氏家属时说："孙老对故宫的贡献不是几篇文章能表达的。"他对先父的高度评价，特别是他亲自到先父故居造访，是对先父最好的纪念和缅怀，故宫没有忘记父亲。曾把生命中的最后十年献给故宫的父亲会含笑九泉的。

2003年8月21日，先父一百一十周年诞辰之际，孙瀛洲捐献陶瓷展开幕式在故宫隆重举行。前院长郑欣淼先生在致辞中高度评价了先父的贡献，他说："孙先生是捐赠文物数量最多、质量最高的人之一。这些珍品对充实故宫博物院的收藏起到了重要作用。"并概括了先父一生的艰辛历程："从学徒到经营者，从经营者到收藏家，从收藏家再到文物鉴定专家，从文物鉴定专家再成为文物捐赠大家，这是一条自学成才的道路，也是由小我到大公的升华过程。"

先父刻苦探究，"鉴定知识也涵盖众多领域"，"不仅是公认的明清陶瓷大家，享有'宣德青花大王'的美誉，而且还是宋元陶瓷研究的开创者和奠基人。"

斯人已远，但他给世人留下的宝贵遗产，却并不因岁月的流逝而褪色，反更见其璀璨光华。

大德无疆

——追忆孙瀛洲先生的学术思想与人格

孙洪琦

2013年是父亲孙瀛洲先生一百二十周年诞辰。随着时间的流逝，对父亲的怀念与日俱增。然而，令人慰藉的是，在父亲一百二十周年诞辰之际，父亲的家乡冀州于2013年5月7日隆重举行了孙瀛洲纪念馆开工奠基仪式；父亲生前工作过的单位——故宫博物院在2013年9月举办了孙瀛洲捐献文物精品展，召开了孙瀛洲学术思想座谈会。看到党和国家对孙瀛洲的关注与重视，倍感欣慰之余，也越来越感觉到孙瀛洲的学术思想和人格情怀已经凝固成一种时代精神。这种精神不仅没有随着时间的流逝而远去，反而成为当今乃至而后业界的一座丰碑，延续着教育和鞭策的深刻内涵。这种精神超越了时间和空间，超越业界和国界，必将随着人们对他的解读和学习而世代流传、惠及众人。

求真务实做学问

孙瀛洲把文物研究当成毕生的己任并且已形成习惯。他对自己经手的文物都要一一进行仔细观察、记录、综合比较，找出规律，尤其对中国古陶瓷的研究，可以说是兢兢业业、义不容辞，因此积累起丰富的鉴定经验。他不惜投入大量资金购藏珍品进行深入研究，为了解明清瓷器的制作工艺，掌握鉴定真、赝技巧，还曾亲自多次到江西景德镇和浙江龙泉仿烧瓷器。这种求真务实的研究精神使得他在古陶瓷鉴定和文物研究上取得很深造诣。真正的学问从来不是一朝一夕的生搬硬套，而是从实践中一点一滴积累起来，体会这种做学问的精神对某些人浮躁和急功近利的习气有一定的引导意义。

诲人不倦传后人

求真知是做学问的第一层境界，能够将所学、所知授予他人，甚至授之天下，则是做学问更深层次的境界。孙瀛洲先生不仅是文物研究、古陶瓷鉴定领域的一代宗师，更是一位德高望重、诲人不倦的贤师。他不仅为后世留下了珍贵的学术知识和资料，而且还尽心竭力将自己的所学、所知传授给后辈，为国家培养了一大批优秀的知名文物鉴定人才，造福业界。

大德大道塑大我

从某种意义上来说，孙瀛洲先生并不单纯是一个人，而是作为一种精神而为后人敬仰，因为他用大德大道塑造了一个大我。从学徒到经营，从研究到教育，孙瀛洲先生将自己的一生都贡献给了自己热爱并且愿意为之付出全部的文物上。他将文物视为自己的生命，这是至高境界的大道；经营中的奉公守法，国难当头的顾全大局，关键时刻将自己最珍贵的藏品毫无保留地捐赠国家，对于一个收藏家来说，这是至高境界的大德。这种至高的人格情怀形成了一个真正意义上的大家，被载入史册。

今天，我们缅怀和纪念孙瀛洲先生，不仅仅是出于感情上的追思和怀念，更是对真理的敬仰和尊崇。孙瀛洲先生留给后世的不单单是理论研究成果，而且更包含着崇高的时代精神和人格情怀，这是一种大道和大德的结合。

在当前社会风气浮躁、文物收藏蔚然成风的形势下，追忆父亲其人其事，探讨他的学术思想，学习他的爱国义举，具有重要的现实意义和深远的历史意义。孙瀛洲先生的学术思想和人格情怀，已然形成一门有着深刻教育意义的综合学科。他的精神将在后人的品读和学习中不断传承，让大德无疆！

孙瀛洲年表

1893年　1岁

出生于河北冀县。

1906年　13岁

到北京谋生。此后到同春永、聚宝斋、铭记古玩铺做学徒。学徒期满后任采购、司账等职。

1923年　30岁

在北京东四南大街开设了敦华斋古玩铺，成为一名出色的古陶瓷经营、收藏、研究者。

20世纪40年代初　47岁左右

以四十根金条的价格购得其最重要藏品成化斗彩三秋杯。

1945年前　52岁前

从东城本司胡同搬到新盖好的东四南大街箭厂胡同7号（后改为前厂胡同11号）。

1950年　57岁

为支援抗美援朝，拿出一批珍贵文物义卖，所得款项全部捐献国家。

1956年　63岁

将两千余件文物捐献给故宫博物院，受到中央人民政府的奖励，被聘为故宫博物院的顾问。此后在故宫任职直到去世。

在故宫任职期间，对故宫所藏的陶瓷进行了重新鉴定，并协助故宫为国家抢救性收购了大批的文物珍品。

1958年　65岁

1月，六弟孙蓬洲病逝，三四个月后母亲去世。将六弟和母亲灵柩运回老家冀县埋葬。

在《故宫博物院院刊》（1958年第1期）发表《谈哥汝二窑》一文。

在《文物参考资料》（1958年第12期）发表《明嘉靖青花加彩鱼藻罐》一文。

1959年　66岁

在《文物》（1959年第6期）发表《成化官窑彩瓷的鉴别》一文。

在《文物》（1959年第11期）发表《我对早期青花原料的初步看法》一文。

1960年　67岁

在《故宫博物院院刊》（1960年第2期）发表《试谈明代永乐、宣德景德镇官窑瓷年款》一文。

1963年　70岁

在《文物》（1963年第1期）发表《元卵白釉印花云龙八宝盘》一文。

在《文物》（1963年第6期）发表《瓷器辨伪举例》一文。

1964年　71岁

春，患脑出血影响正常活动，因此病休在家，坚持康复锻炼。

10月，身体基本康复。

秋天，被推选为中国人民政治协商会议第四届全国委员会委员。

12月20日，开始参加中国人民政治协商会议第四届全国委员会第一次会议，直至次年1月5日。

1965年　72岁

在《文物》（1965年第11期）发表《元明清瓷器的鉴定》一文。

1966年　73岁

在《文物》（1966年第3期）发表《元明清瓷器的鉴定（续）》一文。

9月1日，因病去世，享年73岁。

编辑说明

　　"新中国捐献文物精品全集"是由中国文物学会主编、北京出版集团公司文津出版社出版的一套大型文物收藏类丛书。本套丛书首次将新中国成立以来各界人士捐献的文物精品汇集出版，以图文并茂的形式呈现给读者，并系统地论述了这些文物精品的价值以及捐献者的奉献精神和感人事迹等。

　　编辑在出版过程中发现书稿引文中存在一些比较特殊的情况，如：

　　1. 不同作者的文章对同一事物的表述有出入；

　　2. 同一篇文章中对同一事物的表述有出入；

　　3. 引文中出现如今已很少使用的生僻字、词或专业术语。

　　出于对相关作者的尊重并保持原文的完整性，本套丛书将对上述情况不做硬性修改。

　　特此说明。